大人の自由時間 mini

自転車で100kmをラクに走る

ロードバイクでもっと距離を伸ばしたい人に

田村 浩 著

技術評論社

自転車で100kmを走る意味

まえがきにかえて

サイクリングはとても身近で、趣味として楽しむ人が多いスポーツです。自転車という乗り物は、基本的に乗り手の力だけで進むものでありながら、徒歩やランニングよりはるかに楽に、遠くへ行くことができます。自転車にまったく乗ったことがない、という大人を探すのが難しいくらい、身近な乗り物です。

それだけに、自転車に対するイメージは人それぞれで大きく違い、その人の経験がはっきり表れます。あなたは「自転車で100km走る」と聞いて、「クルマじゃなくて?」と驚くほうでしょうか。それとも「どこへ行ったんですか」と、当たり前のように受け止めることができる人でしょうか。

近年、大きな盛り上がりを見せているスポーツ自転車、なかでもロードバイクに乗れば、一日で100kmを走ることは決して難しいことではありません。その何倍もの距離を一日で走る人も珍しくありません。でも、今ロードバイクに乗っていても、まだ100km走った経験がない人や、仮に走ったことがあっても、苦しい思い出が残ってしまった人も多いことでしょう。

数字のキリがいいこともあって、100kmという距離はサイクリングのよい目標になりますが、ひとつの壁でもあります。

スポーツ自転車にある程度乗り慣れた人でも、100kmという距離を走るには、5時間はかかります。多くの人は6~10時間かかります。これだけ長い時間に渡って続けるスポーツは珍しく、サイクリングか登山くらいです。

過ごす時間が長くなるほど、休憩や食事が欠かせませんし、天候が変わったり、道に迷うこともあります。自転車にトラブルが生じるかもしれません。体力だけでなく、長い時間を快適に過ごし、起こりうる体調や環境の変化に対応するノウハウが必要になってくるのです。その積み重ねが自分に余裕を生み、長い時間を楽しむことができるようになります。

すると、自然に走行距離が伸びていきます。余裕があるから、目に入る景色を楽しむことができ、なにを食べても美味しく感じます。時に額に汗することはあっても、そうした非日常的で気持ちよい旅を体験することが、サイクリングの本質的な目的だと思います。

他の多くのスポーツと同じように、自転車にも競技という取り組み方があります。その場合、楽しさだとか旅情が入りこむ余地はなく、達成感を得るのは競技で結果を出した時だけでしょう。本書には、そうしたアスリート志向の人に役立つ情報はありません。

しかし実際のところ、ロードバイクに乗っていても、競技に真剣に取り組んでいる人はごく一部です。ほとんどの人は、もっと身近なところで達成感や充実感を求めているのです。それは日常の気分転換だったり、旅情だったり、健康のためだったりします。そこには他者との優劣はなく、自分の価値観がすべてです。

その価値がわかりやすいカタチとして現れるのが、走った距離であり、過ごした時間の長さなのだと思います。だから、１００㎞という指標が目標になり得ますし、めざす価値があるのです。速さの追求には限界があっても、距離の追求に限界はないともいえます。

本書では、１００㎞という距離を楽しんで走るためのノウハウやヒントを、自分の経験に基づいて紹介していきます。練習して強くなるといった、言うは易し行うは難しい本質論は取り上げません。我々大人のサイクリストは、経験と知恵と、少しのお金で楽しい時間を手に入れるべき、と思っています。無駄なく無理なく、するっと１００㎞走るのが理想です。

１００㎞を楽しむ過程で、一生の趣味として楽しめる自転車の魅力と可能性に気がつくでしょう。本書がその入り口になれば、これに過ぎる喜びはありません。

田村　浩

CONTENTS

Part 1 旅の相棒、「自転車」を知る

Part 2 装備の選び方と積み方

Part 3 プランニングの醍醐味

Part 4
サイクリングは時間旅行

Part 5
知っておきたい自転車ノウハウ

●本書記載の情報は、2016年5月10日現在のものを掲載しています。ご利用時には変更されている場合もあります。

旅の相棒、「自転車」を知る

Part 1

自転車は何km走れるのだろう？

無限の可能性を秘めた自転車。そのエンジンも燃料もあなたです。より遠くまで、より楽しく走るポイントは時間の使い方にあります。

乗り物の多くは、燃料によって移動できる距離が決まっています。特に途中での燃料補給が難しい航空機や船舶は、航続距離が明確なスペックとして現れる乗り物です。

ひるがえって、自転車はいったい何kmの距離を走ることができるのでしょうか？ せいぜい10kmという人もいれば、2400km（！）といった桁違いの距離をいう人もいるかもしれません。

自転車のエンジンは乗り手であるあなたであり、燃料は水分や食料ということになります。だから、あなたが元気で自転車が壊れない限り、ずっと走り続けることができる素晴らしい乗り物です。

時間を減らさないことがロングライドの秘訣

距離は、時間と移動速度のかけ算の結果です。サイクリングに5時間を充てることができるとしたら、そのなかで100kmという距離を走るためには、平均時速20kmを維持する必要があります。

「なんだ、簡単じゃないか」と思うでしょうか？ 実際、ロードバイクに乗れば、ほとんどサイクリングや運動の経験がない人でも、時速25kmくらいは簡単に出すことができます。少し頑張れば時速30kmも発揮できます。

しかし、実際に道路を走ると、平均時速20kmを長時間に渡って維持するのは大変なことです。信号で停まる、坂で遅くなる、向かい風で進まない、お腹が減った……などなど、多くの要因で平均速度はどんどん下がります。

では、走行速度を上げればいい

のかというと、それは非常に難しいのです。おもに空気抵抗の影響で、速度の三乗に比例する出力が必要です。たとえば、時速30㎞で走るためには、時速25㎞に比べて倍ほどの出力が求められます。すると急速に疲れるので、高い速度は維持するためには継続的なトレーニングが必要です。自転車選手は、一般的な人の1・5～2倍の出力を維持できますが、おいそれと真似はできません。

しかし、速く走ることはできなくても、走る距離を伸ばすことは可能です。それは、走る時間を延ばすことに他なりません。時間の作り方と、減らさない工夫こそが、100㎞に及ぶ（あるいはそれ以上の）サイクリングを楽しむためのポイントになります。

サイクリングの醍醐味は、自分の力で前へ進み、遠くへ到達すること。自転車と過ごす時間に比例して、走った距離は確実に伸びます。

楽に快適に、100kmを走れる自転車とは？

サイクリングを楽しむ第一歩が自転車選び。走りたいフィールドや乗り手のスタイルに合わせて最適な「車種」を選びましょう。

100kmという距離を走るためには、なにか特別な自転車が必要なのでしょうか？ そんなことはありません。乗車中に壊れる可能性が高い状態（整備不良や粗悪品）の自転車や、よほど特殊な自転車でなければ、体力と根性次第で100kmを超える距離を走ることはできると思います。

けれども、走って楽しいか、快適な体験ができるかどうかは、自転車のよしあしや適性で大きく変わってきます。

サイクリングは自転車ありきのスポーツです。長距離を走るなら、それにふさわしい自転車に乗らない限り、「楽しむ」という目的は果たせません。苦労も経験のうちとはいいますが、わざわざ辛い思いをするために自転車に乗る必要はありません。単に移動するのが目的なら、クルマでも鉄道でも構わないわけですし、自転車に乗るからには、楽しい時間を過ごし、その結果として達成感も得ることができるのが理想です。

「この自転車なら、ずっと走っていられる」と信頼することができて、実際に快適な自転車が絶対に必要なのです。

では、具体的にどんな自転車がふさわしいのでしょうか？

自転車の「車種」と「用途」を知る

普段使いのシティサイクルが、長距離・長時間のサイクリングに適していないのは言うまでもありません。そうした自転車で驚くほどの距離を走ってしまう猛者もいますが、参考にはなりません。

自転車の性格や用途、いわゆる

「車種」を判断するには、タイヤを見るのがわかりやすいです。シティサイクルのようにある程度以上太いタイヤは、荷物を積んでも安定して走ることが目的です。

スポーツ車の場合は、荷物の量に加え、路面状態が悪い道を想定している車種は、太いタイヤを装着してますので、そのようなタイヤが入るフレームになっています。ランドナーといったツーリング車や、MTBなど悪路の走破を主眼とした車種がこれに当たります。タイヤの空気圧は低めにし、道の凹凸による衝撃を和らげています。

一方、荷物がほとんどなく、整備された舗装路だけを走ることを考えた自転車には、細いタイヤが適しています。重量が軽く、路面抵抗が少なくなるからです。その典型的な車種がロードバイクです。700Cという径が比較的大きな規格のホイールに、幅23～25㎜の細くて高圧なタイヤがセットされています。

より遠くまで、より快適に移動できる自転車の筆頭が、ロードバイクです。その「速さ」が注目されがちですが、自転車において「速さ」と「快適さ」はイコールであるといえます。ツーリング指向の人がゆっくり走る場合においても、ロードバイクの快適さは大きな力になってくれます。

ただし、悪路を走ったり、たくさんの荷物を積む必要があるシー

荒れた道や荷物を積むことを考えた自転車のタイヤは太く、柔らか（空気圧が低い）。写真の車輪は右からMTB用、ランドナー用、ロード用。

ンでは、ロードバイクは快適さを発揮できません。

楽しみ方の数だけ自転車がある

サイクリングのスタイルは自由ですし、楽しみ方に応じて多くの車種があります。荷物を積みやすいけどロード同様の快走を狙ったスポルティーフや、個性的なデザインが魅力のミニベロ（小径車）、手頃な価格の製品が多いクロスバイクなどなど……数え上げればキリがないほどの車種があるのです。雨天を考慮すれば、マッドガード（泥よけ）の有無なども、重要な判断基準になります。

本当に万能な自転車はありえません。たくさんの荷物を積むことができて、楽に坂を登ることがで

筆者がロングライドで活用しているロードバイク。本来はレース用の車種ですが、長い距離を軽装で効率よく走るためにも最適な自転車です。

き、平地も速くて、舗装路も未舗装路もガンガン行ける……そんな夢の自転車は、残念ながら存在しません。オールラウンドを謳った自転車もありますが、見方を変えれば、どんなシーンでも中途半端な性能・機能しか発揮できない自転車ということでもあります。

そして、目的を効率的なロングライドに絞ると、荷物を減らす必要があり、きれいな舗装路を走るコースプランニングが求められることになります。わざわざ悪天候の日に出かけることもないでしょう。すると、必然的にロードバイクがいちばん適した車種ということになります。

ロードバイクは、速いだけではなく、楽にのんびり走ることもできる自転車なのです。

同じくロングライドで出番が多いスポルティーフ。雨天や寒さに備え、充実した装備の携行が必要な場合に選ぶことが多い自転車です。

荒れた林道や山道をコースに組み込む時は、タイヤが太いMTBの出番。舗装路の走りは軽快さに欠けますが、コース選びの幅が広がります。

自転車のサイズとポジション

服と同様に、自転車にもサイズがあります。長時間快適に走るためには、体を自転車に合わせるのではなく、体に合った寸法の自転車が必要です。

車種と同じくらい、あるいはそれ以上に重要なのが、サイズです。服と同じように、体格に合ったサイズの自転車を選ぶ必要があります。サドル、ハンドル、ペダルの三カ所に無理なくカラダを預けることができる乗車ポジションが重要です。そうしたポジションが得られるように各部を調整する作業を、フィッティングと呼びます。

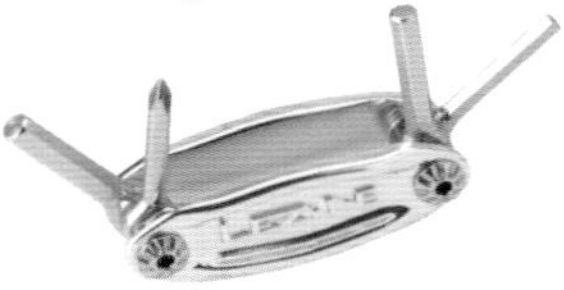

サドルを下げられるだけ下げてもペダルに足が届かないといった、極端にフレームサイズが大きすぎるのは論外ですが、小さすぎるフレームは、ハンドルが近くて低くなりすぎるため、上半身が窮屈になります。

乗車ポジションを決める際は、まず、効率的なペダリングができるようにサドルの高さと前後位置を決めます。これで下半身のフォームが定まります。サドルの高さは、ペダルがいちばん下になった時、膝の角度が130~150度に伸びるのが一般的です。サドルの前後位置は、クランクを水平にし、膝裏から出した垂線が（錘りを付けたヒモを垂らす）、ペダル軸を通るような位置にします。サドルの角度は水平が標準です。

次に、サドルの位置を基準として、ハンドルの距離（サドルからの遠さ）と高さ（サドルとの高低差）を決めることになります。これで上半身のフォームが定まります。ハンドルが近すぎると窮屈になり、遠いと手が伸びきってしまいます。ハンドルの上下位置は、サドルと同じくらいか、数cm低い程度を基準として、違和感が出ない位置を探してみましょう。

ハンドルについては、ステムの調整や交換で位置関係をある程度変更できますが、基準となるフレームサイズが自分の体格にふさわしくないと、快適な乗車ポジションを得るのは難しくなります。

自転車選びは サイズが最優先事項

体の柔軟性や手足の長さは人それぞれです。もし、はじめてスポーツ車を購入する場合は、必ず専門店のスタッフに相談して、適切なサイズを見立ててもらいましょう。適当と思われる（すすめられた）サイズの試乗車があれば、ぜひ乗ってみてください。同じ「M」や「50」といったサイズ表記でも、メーカーによってフレーム各パイプの長さはまちまちなので、一概に「身長170㎝なら50サイズ」と決めることはできません。自分の先入観よりもプロのスタッフによる計測や経験とアドバイスを信用してください。

適当なサイズの自転車が店頭になければ、メーカーのラインナップや問屋の在庫を確認してもらい、取り寄せてもらいましょう。もしなければ、自分に合うサイズが用意されている別のモデルを検討しましょう。

すぐ乗りたい、色が気に入った……などの理由で、店頭に展示されている自転車を買いたくなる気持ちはよくわかりますが、サイズだけは妥協せずに選んでください。

フレームサイズはあとから変更できないので（買い替えるしかない）、慎重に選びたいものです。

スペシャライズド社の「BGフィット」を体験中の筆者。こうした専門スタッフによるフィッティングサービスを受けるのも有益です。

乗車ポジションの要となるのはサドルの位置。高さと前後位置を自分の脚に合わせます。角度も調整できますが、水平が基本です。

ロードバイクの最新トレンド

ロードバイクに乗る人の大半が、実際は競技志向ではありません。多様化するニーズに合わせて進化を続けるロードバイクの傾向を解き明かします。

近年のスポーツ自転車シーンは、その中心軸がロードバイクです。各社が先進的な技術や素材を惜しみなくロードバイクに投入し、価格の選択肢も広くなっています。現実的な予算でロングライドに適したモデルを手に入れやすいことが、ロードバイクを選ぶ最大のメリットともいえます。

多数のメーカーがそれぞれ豊富にロードバイクをラインナップし

サイクリングの普遍的なテーマである「旅」の相棒として、ロードバイクに乗る人が増えています。もはや競技専用の自転車ではありません。

ているため、どのように選んでよいのかわからない、という人も多いでしょう。初めて買う人はもちろん、買い替えを検討している人も等しく悩むところではないでしょうか。

ロードバイクのラインナップが増えた理由のひとつに、用途の多様化があります。本来はロードレーサーと呼ばれるように、公道で着順を争う競技用の自転車なのですが、現在は必ずしも競技指向ではなく、長距離を快適に走るための設計をアピールしたり、少々の悪路を走ることができるモデルも登場し、ツーリング車が担っていたサイクリングの領域も、ロードバイクが担っています。

従来、ロードバイクを選ぶときの基準は、基本的に価格という軸しかありませんでした。自分が出せる予算に応じて、各ブランド・メーカーから対象となる価格帯のモデルを比べればよかったのです。カーボン、アルミ、スチールといったフレーム素材の違いも、価格に応じてなかば必然的に決まっていました。

ロードバイクの性格を読み解く

しかし現在は、価格という縦軸に加えて、用途という横軸を考慮して自分に最適なモデルを選ぶ必要があります。特に大手ブランドでは、ほとんど同じ価格帯に複数のロードバイクを用意しています。その違いを理解するためには、カタログに登場する下記のような言葉の意味を知る必要があります。

「レース」や「パフォーマンス」と銘打たれたモデルは、従来どおりロードレースでの活躍を狙ったロードバイクです。

このカテゴリーに該当するモデルにはふたつのトレンドがあり、空気抵抗を減らすデザインを取り入れた「エアロロード」と、登りでの速さを追求した軽量モデルに分かれます。エアロは効果を実感しにくいので、それを理由に選ぶ必要はないと思いますが、各社の最新モデルでは、エアロでありながら軽量で乗りやすいという、万能モデルが増えています。

「エンデュランス」や「コンフォート」と謳うモデルもあります。カタログにはまるで枕詞のように「路面からの振動吸収性を高めた……」というフレーズが載ってい

空気抵抗を減らす工夫を全身にまとったロードバイク、トレック・マドン。誰でも乗りこなせる扱いやすさと、精悍なルックスを兼ね備えているのが、最新のエアロロードの魅力です。

ます。ロングライドに向けて、乗り心地のよさを強調した設計ということです。

　エンデュランス系ロードの大きな特徴は、同じブランドでレース用としたモデルに比べてヘッドチューブを長めにして、ハンドルポジションを高くしていることです。これによって前傾姿勢が浅くなるので、肩や首回りへのストレスを減らし、気分的に楽だと感じてもらうことを狙っています。太いタイヤを選びやすいように、フレームのクリアランス（タイヤとの隙間）に余裕を持たせたモデルも増えています。

　実際のところ、100km走るようなロングライドでは、レース用ロードとエンデュランス系ロードのどちらがふさわしいのでしょう

テニスラケットで有名なスポーツ用品メーカー、ヨネックスが開発した軽量ロードバイク、カーボネックスHR。フレーム重量はわずか650g。一般的なスチールフレームの三分の一という軽さ！

か？　以前は、エンデュランス系ロードは入門用として安価なモデルが多い印象もありましたが、現在はどちらも10万円前後で手に入るモデルから100万円を超えるものまであります。

　もし迷ったら、レース用のモデルを選んだほうが、ロードバイクらしい軽快な乗り味を楽しめると思います。ロングライドでは速さが快適さにもつながるので、ある程度の前傾姿勢が不可欠です。

　一方で、エンデュランスと呼ばれるモデルも、その気になればレースでも十分に通用するモデルばかりです。ハンドル位置が高いといっても、レース用との差は1～3cmですので、必要ならステムなどで調整し、好みの前傾姿勢を取ることができます。振動吸収性を

強調していても、無闇にフレームが柔らかいわけではありませんので、一般のサイクリストが不満を覚えることはないでしょう。

結局のところ、出せる予算と、見た目のデザインやブランドの好みでロードバイクを選んでも、大きな間違いはありません。フレームサイズだけ大きく間違えなければ、ハンドルポジションはステム交換などで柔軟に調整できます。

頭の片隅に、レースやエンデュランスといった性格付けを入れておき、おおよそ15万円以上のモデルを選べば、100kmを超えるようなロングライドも十分快適に楽しむことができます。乱暴な結論のようですが、それだけ、近年のロードバイクには「外れ」がなく、充実しているのです。

ハンドル位置を高めたエンデュランス系ロードバイクの入門モデル、メリダ・ライド3000。初めてのロードバイクとして、多くの人が快適な乗り味を楽しめるモデル。

ステムを交換し、ハンドルの高さを約3cm変えた乗車ポジションの比較。右はサドルとハンドルの高低差が約3cmあり、左はほぼ同じ。高低差があったほうが前傾姿勢が強まり、空気抵抗やお尻の痛みを減らす効果が期待できますが、慣れないと肩周りが凝ります。好みとスキルの向上に合わせて調整しましょう。

注目すべきディスクロード

レースシーンでは賛否両論ある「ディスクロード」ですが、サイクリングでは「疲れづらい」というメリットが際立ちます。優れた利点を紹介します。

ディスクロード」も近年になって注目されてきました。MTBではとっくの昔から主流となっているディスクブレーキですが、ロードではプロレースシーンの規定で使うことができませんでした。しかしこの規定を変えることが検討されているので、ロードバイクもディスクブレーキを採用したモデルが増えてきました。従来のリムブレーキに比べ、ディスクブレーキは圧倒的に軽い操作で制動力を発揮でき、雨天でも性能が低下しづらいというメリットがあります。

ディスクブレーキには、ワイヤーで引く機械式と、油圧式があります。前者は構造が簡単で低価格なのが魅力ですが、ディスクブレーキの真価を発揮できるのは油圧式です。組み付けには専門知識と専用工具が要求されますが、ほと

ディスクブレーキは、車輪の中央部であるハブに金属ローターを備え、それをパットで挟むことで制動力を発揮します。

油圧式のディスクロード（キャノンデール・キャド12ディスク）に乗ると、下りの快適性が大幅に高まったことを実感します。

んどメンテナンスフリーで信頼性が高いシステムです。

ディスクロードのデメリットとして、重量の増加が挙げられますが、現在はフレームその他のパーツが十分に軽く強度も高いので、メリットのほうが大きいと思います。また、構造が複雑なメカが増える分、価格も高めですが、それで大きなメリットがあるなら、単純に割高とはいえません。

道具で苦手をカバーする

筆者がディスクロードを選んだ理由は、下りでの安心感を求めたからです。ブレーキを引く時間が長くなる下りでは、いつも指がしびれ、上体がリラックスできず肩や首周りが凝り、ストレスが溜るのが常でした。登りで足が疲れ、休めるはずの下りでさらに腕と上体が疲れるという二重苦……。

これを解決してくれたのが、油圧を採用したディスクロードでした。従来のロードはハンドルのドロップ部を握らないとブレーキを強く引けないのが常識でしたが、油圧ディスクは軽いタッチで強力にブレーキが効くので、ブラケットポジションのまま、まさに指先だけで思いのままに減速できるようになりました。速く走れるかは別問題ですが、楽に走ることができるシーンが増えたのは確かです。

今後、ディスクブレーキがロードバイクの主流になるかはわかりませんが、ロングライドやツーリング用途では非常に有用だと感じています。

コストパフォーマンスに注目する

「安いから」という理由〝だけ〟で選ぶのはNG。しかし、価格も性能要素です。限られた予算を必要な装備や旅費に回すためにも、ここでは自転車の価格に注目してみます。

読者がいちばん欲しい情報は、「いちばんロングライドに適した自転車はどれなんだ」ということだと思います。

この本を書き始める少し前に、100台の最新ロードバイクを選ぶ、という趣旨の本を作りました。もちろん、筆者が勝手にすべてを選んだわけではなく、自転車界を代表するにふさわしい方々に選んでいただきました。

そうして選ばれたロードバイクを俯瞰すると、性能と価格はかなり正確に比例しています。なかには、ダイレクトマーケティングを採用するなどして、価格帯の常識を超えたメカやホイールを組み込んだモデルもありましたが、よいと感じた自転車ほど価格も相応に高いという、ある意味当たり前の状況でした。近年のスポーツ車は、価格に応じたグレードのシマノ製コンポーネントを採用するのが一般的なので、それも性能と価格が比例する大きな理由です。

エントリーモデルに強い二大ブランド

上を見ると100万円超えが当たり前になってしまったロードバイクですが、選んで面白かったのは、価格を20万円以下にしたエントリーグレードのモデルたちでした。このクラスだと、「ジャイアント」と「メリダ」のロードバイクばかり選ばれた印象がありました。

非常に凝った造形のカーボンフレームに、シマノの中堅コンポ・105を組み込んだモデルが、この2社なら20万円で手に入ります。もちろん、他のブランドでも似たような仕様のモデルは見つかりますが、価格と内容・仕様を総合的に比べると、この2社が群を抜いています。

現在、スポーツ自転車の多くは台湾で作られていますが、そこに本拠を置くビッグブランドはさすがに強いなと実感しました。コストパフォーマンスでは、両社に太刀打ちできるメーカーは少ないでしょう。手頃な価格で最新スペックのロードバイクが欲しいなら、ジャイアントとメリダが候補に挙がるのは間違いありません。

コストパフォーマンスを重視するなら、アルミフレームを採用したモデルを選ぶのも賢い選択です。20万円前後の価格で選べるカーボンロードは限られていますが、アルミフレームの完成車であれば、多くのメーカーから選ぶことができます。

また、こうした価格帯のカーボンロードバイクは間違いなくエントリーモデルであり、カーボン素材を上位グレードとは変えているため、さほど軽くも剛性が高くもありません。ただし、結果的に振動吸収性に優れているので、ロングライド用途では好ましい面もあります。

一方、アルミフレームであれば、20万円前後の完成車でもトップクラスの素材と加工技術が用いられており、カーボンモデル以上に軽快な走りを味わうことができるモデルも珍しくありません。かつて自転車の新素材といえばアルミでした。今はカーボンがその座を占めていますが、再びアルミの優秀性も見直されています。

20万円（税抜）で手に入るフルカーボンロードバイク、ジャイアント・TCR ADVANCED 2。メカはシマノ・105を装備し、万全なスペック。

フレーム素材について

自転車を選ぶ時、まっさきに気になるのがフレーム素材。カーボン、アルミ合金、スチールが代表的な素材です。それぞれに特徴はあるものの、最終的な乗り味を決めるのは全体の設計です。

自転車は数多くの部品の集合体です。そして、自転車の性格や性能をもっとも左右するのは、やはりフレームです。走行性能のよしあしや適したシーンは、実際のところはタイヤが決めているのですが、そのタイヤの径や太さに応じてフレームの大まかな仕様や寸法が決まりますから、やはりフレーム選びが自転車選びとなります。

実のところ、カーボンかアルミかスチールかといった、素材だけで決定的な優劣を決めることはできません。現在、ロードバイクではカーボンフレームが全盛であり、プロのレースシーンではそれ以外のフレーム素材を見なくなりました。ですので、走行性能だけを追求するなら、カーボンが理想的なフレーム素材だといえます。

カーボンの魅力は、なんといっても軽さと剛性の両立にあります。特に軽さは、誰もが実感できるスペックであり、あらゆる面で印象がよくなります。しかし、軽さと剛性をちゃんと両立しているカーボンフレームは非常に高価です。

また、高価なフレームほど肉厚が薄くなり、普段の取り扱いには細心の注意が必要です。

安価なカーボンフレームはさほ

「軽さ」はいちばん実感しやすい性能。軽量なカーボンロードは特に登りで有利なのは間違いありません。素材の特性上、乗り心地も秀逸。

フレームがアルミでも、フォークはカーボン製が一般的。筆者のディスクロードも同様で、しっかりした剛性感と快適性を併せ持っています。

ど軽くも硬くもありませんが、振動を吸収・収束して乗り手に伝わる衝撃を和らげるという、カーボン素材の特性は変わりません。そのため、メインフレームがアルミやスチールであっても、乗り味を決めるフロントフォークに関しては、カーボン製のフォークを採用しているモデルが大半です。

性能と価格のバランスに秀でたアルミフレーム

一方のアルミフレームは、価格を抑えたロードバイクの定番となっています。硬いフレームを作りやすいので加速感がいいとか、その裏返しで、快適性に劣ると総評されることが多いですが、最新のアルミロードは快適性も十分に考慮したデザイン（トップチューブやシートステーが薄い）を採用しており、ひと昔前のアルミとはまるで印象が違います。また、乗り味はタイヤで大きく変わるので、素材で一概にはいえません。

しかし、アルミがコストパフォーマンスに優れている素材なのは間違いありません。

たとえば価格20万円前後のロードバイクの場合、フレームにカーボンを使うためには、そのカーボン素材のグレードや組み合わせるパーツに妥協を強いられます。アルミフレームの同価格帯モデルであれば、高品質なアルミ合金を用いて、設計と加工、部品にもこだわったロードバイクが手に入ります。また、この価格帯ではカーボンとアルミでフレームの重量差も目立ちません。限られた予算でロードバイクを選ぶのであれば、アルミフレームを採用したモデルの満足感が高いと思います。

スチールフレームの色あせない魅力

根強いファンが多いのが、スチールフレームです。しかし、メーカー完成車のロードバイクとして、スチールフレームを採用したモデルを選ぶメリットは少ないのが実情といえます。

そもそもスチールフレームをラインナップに持たないブランドが多く、あったとしても非常に安価で（そのためにスチールを選んでいる）重いモデルか、逆に趣味性の高い高価なモデルしか見つけづらいのも難点です。

ここまでスチールフレームが少数派になってしまった理由は、ひとえに「重いから」に他なりません。しなりや振動吸収性がスチールの魅力とされることが多いのですが、昨今のカーボンやアルミフレームも十分に快適です。それらが簡単に1kg前後のフレーム重量を実現しているのに（最高級のカーボンフレームは600g台）、スチールフレームは2kg近いものが珍しくありません。フォークまでスチールの場合はさらに重くなり、この重量増を部品の軽量化で取り戻すのは難しいのです。

もちろん、見た目のシンプルさや耐久性などを評価して、スチールフレームを選ぶのはアリです。それが趣味であり、見識だと思います。

他にはないスチール素材の大きな魅力は、ハンドメイドによるオーダーが可能なことです。日本には、オーダーに応えてくれるハンドメイド工房がたくさんあり、肉厚や形状が豊富に用意されているスチールパイプを駆使して、自分だけの一台を作ってもらうことができます。

オーダーであれば、リクエスト次第でカーボンに劣らない快適な

本当によいスチールフレームは、アルミやカーボンに劣りません。使われるパイプも進化しており、設計次第で最新素材を凌駕さえします。

乗り味を出してもらうこともでき、逆に剛性を重視することも思いのまま。1〜1・5kgといった軽量フレームも可能です。もし、スチールフレームで本当に上質なものが欲しければ、オーダーメイドがおすすめです。

ただし、オーダーメイドには相応の予算と納期が必要になります。そして、自分の用途や好みがはっきりしてない段階でオーダーするのはもったいないので、初めてのスポーツ自転車としてはおすすめできません。

好みと予算で選べばよい

フレームの素材は、誰もが気になるテーマです。筆者もたいへん興味があり、カーボン、アルミ、スチールそれぞれのロードバイクを所有していますが、今も総合的な優劣を決めることができませんし、どれにもよさを感じています。

レースでの結果を求め、なおかつ十分な予算があるのなら、カーボンフレームが有利です。しかし、ロングライドやツーリングが目的であれば、現実的な予算や使い勝手といったさまざまな要素が求められますので、必ずしもカーボンが最良ではないと思います。

いずれにしろ、このフレーム素材でなければ100km走ることは無理、ということは絶対にありません。予算が許せばカーボン、価格と性能のバランスを重視するならアルミ、オーダー車が欲しいならスチール、ということでいいのではないかと思います。

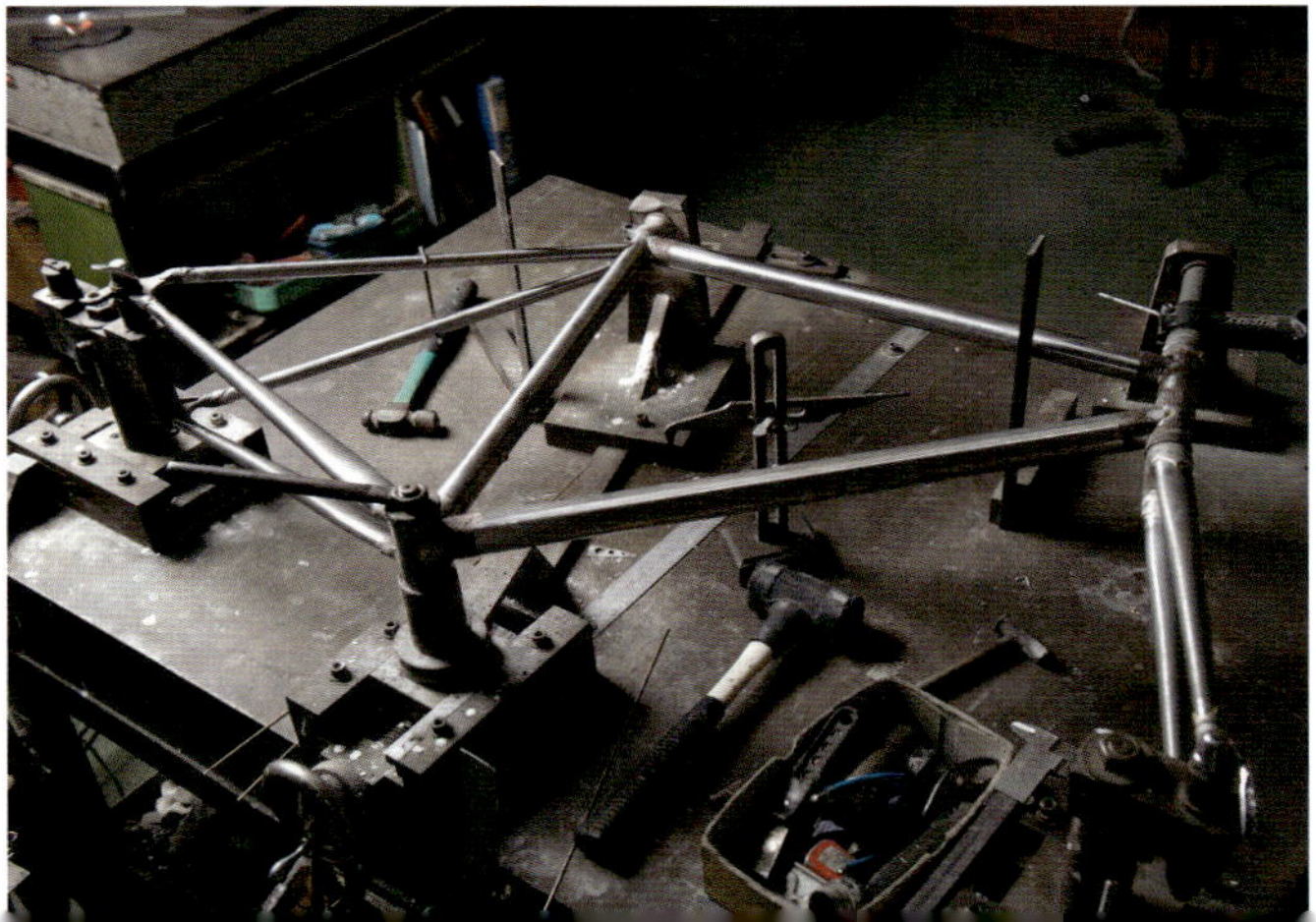

オーダーメイドが身近なのもスチールフレームの魅力。写真は千葉県我孫子の「M，マキノサイクルファクトリー」で製作中のフレーム。

自転車を構成するメカについて

いかにも複雑な変速機「ディレイラー」が注目される自転車の部品ですが、走行性能への影響は限定的。ホイールとタイヤに投資するのがより気持ちいいサイクリングの近道です。

自転車メーカーの実態は、フレームメーカーであり、それに各種の部品をアッセンブルしています。変速レバーやブレーキ、ギヤなどの部品を作っているのは、専門のメーカーです。日本のシマノ、イタリアのカンパニョーロ、アメリカのスラムなどです。

以前は、各種の部品を好きなように組み合わせることも一般的でしたが、現在は「コンポーネント」と呼ばれるセットとして提供され、同メーカーの同グレードをまとめて組み付けるのが普通です。

フレームとコンポーネントがセットになって、走れる状態で販売されているのが、いわゆるメーカー完成車です。上位グレードのフレームでは、フレーム単体で販売されるものもあります。この場合、ユーザーが手持ちのコンポーネントで組んだり、好きなコンポーネントやホイールを別途購入して、ショップで組んでもらいます。

コンポーネントは、シマノ・デュラエースやカンパニョーロ・レコードといった上位グレードのセットほど、軽量で操作感に優れます。いつか使ってみたい、と考える人も多いでしょう。

シマノの場合、105以上でリアが11段変速になるので（2016年3月現在。他の下位グレードは8～10段）、できれば105以上のコンポーネントがふさわしいといえます。変速数が多いほど、負荷に応じて細かくギヤを変えることができるので、疲労を減らす効果は確実にあります。

しかし、変速数以外の差は、実際の走行性能にはあまり影響を与えません。デュラエースを使ってるからロングライドが楽になるとか、105だから疲れるといったことはありません。

お金をかけるならタイヤとホイールに

タイヤとホイールは、使っているもののよしあしがはっきりわかる部分です。特にタイヤは、比較的わずかな投資で走りの印象を変えることができます。

メーカー完成車の場合、単品で買うと2000~3000円といった普及グレードのタイヤが装着されていることがほとんどですが、それを6000~7000円クラスのタイヤに変えると、がらりと走りが軽快になります。タイヤは重量差も大きいので、軽量化を望む人も狙い目です。「前後のタイヤだけで1万円以上!?」と驚くかもしれませんが、他の部品よりは費用対効果が高いのです。

走りの要はタイヤとホイール。もし、自転車の性能を上げたいなら、まずはタイヤ。次はホイールの費用対効果が優れています。

ただ、走りの印象がよいタイヤほど耐久性は下がる傾向があるので、ロングライドの場合は、トラブルを防ぐためにあえて耐久性を重視したタイヤを選ぶのもアリだと思います。

ホイールは、そこそこのフレームより高価な製品が珍しくありません。こちらもタイヤ同様に違いを実感しやすいので、予算が許すなら、上位グレードの製品を使いたいところです。

ただし、カーボン製のリムを使っている軽量ホイールは、雨天では制動力が下がることと、摩耗も激しく交換の頻度が上がるので（リムはもちろん、専用のブレーキシューも高価）、ロングライドには不向きだといえます。また、リムの背が高い（ディープリム）ホイールは、横風の影響を受けやすく、技術がないとハンドルを取られやすいので注意が必要です。フレーム同様、ホイールもアルミ製のものが価格と性能のバランスに優れており、ロングライドやサイクリング全般に適しています。

ロングライドにおけるツーリング車のメリット

長い距離を快適に走ることができる自転車は、ロードバイクだけではありません。元祖サイクリング車と言えるランドナーなどのツーリング車も、本当はカッコいいのです。

ランドナーやスポルティーフと呼ばれるツーリング車も、ロングライドで大いに力を発揮してくれる自転車です。

ある程度荷物が多くなる場合、フロントバッグやサドルバッグの装備を前提としているツーリング車は頼もしい存在です。特にフロントバッグは便利で、荷物の出し入れが楽で時間もかかりません。上部に紙の地図をセットできる点も優れています。筆者も、ロングライドの半分くらいはスポルティーフで走っています。防寒着などで荷物がかさばる季節は、スポルティーフの出番が増えます。

ツーリング車は、ロードバイク以上に個々のモデルで機能や性格が異なります。ある程度以上の荷物を積むことを想定して、バッグを支えるキャリアを備えたモデルが多いのですが、後付けのアタッチメントで代用する場合もあります。また、雨天に備えてマッドガードを取り付けたモデルが多いのも特徴です。

一般的には、少々の悪路を走破することを考えて、太めのタイヤを履いたツーリング車がランドナー、走行環境が舗装路中心で、ロードバイクと同じか少し太いくらいのタイヤを履いた快走志向のツーリング車がスポルティーフといえます。どちらもフランスで考え出された旅行車です。長い歴史があるため、その様式美や機能美を愛する人もたくさんいます。

こうしたフランス流のツーリング車が、80年代まではサイクリングの主役でした。しかし、今やメーカー完成車が非常に少なく、ある程度以上の性能や機能を求めると、オーダーメイドが頼りになっているのが現状です。

ＭＴＢやロードをもとにした現代的なツーリング車もありますが、多くのブランドでカタログの後ろのほうに少し載っているような、ニッチなカテゴリーといえます。

ロードバイクが現代のツーリング車？

ツーリング車は絶滅した恐竜のようなカテゴリーなのでしょうか。ロードバイクがツーリング車に取って代わったのでしょうか？

筆者は、ロードバイクがツーリング車のジャンルも包含したのが実情だと感じています。レース用であれエンデュランス系であれ、快適性を手に入れた近年のロードバイクは、誰もが乗りやすい自転車です。

豊富なアクセサリーを駆使すれば好みに応じた機能を付加することができますし、ウエアの進化や環境の変化によって、軽装でロングライドができるようになったので、大きなバッグの必要性も薄れました。ハンディＧＰＳやスマホを活用すれば、紙の地図が要らなくなったことも、バッグの数を減らした理由といえます。

本書の主旨である「１００㎞をラクに走る」ためには、現代的なロードバイクを選ぶのが近道です。ただし、それしか選択肢がないわけではなく、ツーリング車の搭載力や機能性が、ロングライドを有利に走らせてくれるケースもあることは、知っておいてほしいと思います。

装備（携行する荷物）を充実させたい時は、バッグ装着を前提に作られたツーリング車も頼もしい存在。風景に溶け込む端正なフォルムも魅力。

「快適」さの本当の意味

乗り心地の安楽さだけがサイクリングの「快適」ではありません。少々辛い乗車姿勢や乗り味でも、それが総合的には快適なこともあるのです。

長距離を走るには乗車中の快適さが大切ですが、自転車では快適さの意味がひとつではなく、さまざまなアプローチがありえます。

ロードバイクをはじめとした、スポーツ自転車の快適性とは、フレームの「しなり」や硬軟によって路面からの振動を吸収する特性を指すことが多いのですが、誤解も多いと思います。

たとえば、前後にサスペンションを備えたMTBは、路面から突き上げるような衝撃をカラダへほとんど伝えません。しかし、それを快適と思えるのは、荒れた未舗装路を高速で下る時です。普段使いはもちろん、舗装路を100km走るようなロングライドで有利な場面はほとんどありません。いくら振動を吸収しても、必要以上に重かったり、タイヤの抵抗が大きな自転車では、ラクに走ることはできません。

ロードバイクの快適さとは?

　ロードバイクには、ごく一部のモデルを除いて、サスペンションのように機械的に衝撃を吸収する仕組みがありません。タイヤとホイール、そしてフレームが衝撃を受け止め、やわらげます。

　そのため、フレームがある程度柔らかく「しなる」ほうが疲れにくいという意見があります。一方で、柔らかいフレームは脚力や体重によって歪むので、推進力や安定性を損なうというマイナス面もあります。

　乗車姿勢も同様です。深い前傾姿勢だと肩が凝るので不快だという見方がある一方で、前傾姿勢を取れないポジションは脚力を発揮できないうえに空気抵抗が増えるので、走りづらいものです。また、ハンドル位置が高いと体重がサドルに集中するので、お尻が痛くなりやすくなります。

　このように、自転車の快適性は直接的な体への衝撃の大小だけでなく、時間に応じて蓄積される疲労やストレスも考慮しなければいけません。つまり速度と引き換えなのです。本当に「快適」なのは、目的に合ったバランスです。

　少なくとも100kmを走るようなシーンでは、直接的な快適さよりも、時間や労力を節約できることが結果的に快適さにつながります。ある程度の速さを楽に維持で

環境と距離によって、サイクリングにおける「快適」という意味は変わってきます。ロードバイクの快適さは、速さとの両立が欠かせません。

きることが重要なのです。

こうしたバランスに優れているのが、近年のロードバイクであり、カーボンやアルミのフレームです。これらの剛性と軽さに秀でた素材を使うことで、気持ちよい加速とわずかな脚力で巡航できる性能を得ることができます。もちろん、スチールでも設計や使うパイプ次第で硬くて軽いフレームができますが、高価なものになります。安価なスチールフレームは重量がかさんでいるため軽快さに欠け、長時間の走行は必ずしも快適ではありません。単純にスチールだから快適、というのは思い込みです。

硬いフレームのほうが快適に走れる？

もし、フレームの硬さを不快と感じるようなら、タイヤの空気圧を下げてみましょう。たとえば、8気圧で乗っていて硬いと感じていても、6気圧ほどまで下げれば、まるで別の自転車のように乗り心地は向上します。若干路面抵抗が増えるかもしれませんが、丸一日走るようなシーンでは、最終的な疲労感はかなり減るはずです。

幅が23㎜のタイヤを使っているなら、25㎜前後のやや太いタイヤに替えるのも有効です。ただし、太いタイヤは重量も増えがちなので、なるべく軽いものを選びたいところです。なお、タイヤを太くするとフォークやフレームと干渉する可能性もあるので、現在のタイヤを基準にして、どの程度のクリアランス（隙間）があるか確認してから交換しましょう。

フォークやフレームのクリアランスの許容範囲内で太めのタイヤに交換することで、衝撃をより吸収して「快適さ」を高めることができます。

このように、乗り心地の快適さはタイヤで簡単に調整できます。そフレームはそうはいきません。そのため、フレームは硬くて軽いものが有利です。硬いフレームの乗り味を和らげることは簡単ですが、その逆は難しいのです。

また、硬くて剛性感の高いフレームのほうが、高速域では格段に安定します。一般のサイクリストでも、下りでは簡単に時速50㎞くらいは出ますから、振動を抑えられない柔らかいフレームでは怖い思いをすることになります。

フレームの「しなり」による反動が、脚力以上の推進力を発揮させるという意見もあります。しかし、そうしたフィーリングをはっきり感じたり、速さに結びつけることができるのは、競輪などのスプリント力に秀でた選手だけです。一般のサイクリストほど、硬くて軽いフレームが有利であり、軽快な走りを実感できます。

ロードバイクのフレームは、硬さ（剛性）と軽さを追求することで進化してきました。その恩恵を積極的に受けることが、本当に快適なロングライドを楽しむ近道なのです。

フレームやフォークのよしあしは、下りで実感できます。時速50kmを超えても安心できるのが、本当に快適なフレームなのです。

遊びの幅を広げる自転車たち

太めのタイヤを履いた
ランドナー兼キャンプツーリング用の
オーダー車。これ一台あれば
たいていの道は走ることができます。

ここまで読むと、まるでロードバイク至上主義者のような筆者ですが、実はそうでもありません。ツーリング車はもちろん、MTBやミニベロ（小径車）・折りたたみ自転車も大好きです。それぞれに、他には代え難い役割や遊び方があります。

　ツーリング車は、そのほどよいタイヤの太さと荷物の積みやすさが魅力です。自分のランドナーは650×32Bという、やや径が小さくて太いタイヤを履いているのですが、これだと舗装路も快適ですし（ロードより速くは走りづらいですが）、林道のような未舗装路でも走ることができます。

ランドナーは大きなフロントバッグやサドルバッグを使いやすいので、リュックを背負うことなく、たくさんの荷物を携行できます。たとえば、野外で温かい食べ物を楽しむためのアウトドア用バーナーや食材を用意したり、峠で珈琲を淹れるといった楽しみが似合います。荷物や停止時間が増えるので、ロングライドと両立させるのは難しいですが、癒し系のサイクリングを楽しみたい時はランドナーの出番です。

　そして、ランドナーより少し細いタイヤを履かせ、ロードに近い巡航性能を求めているツーリング車が、スポルティーフです。ロードバイクと

ややクラシックなMTB。現在は29や27.5インチのタイヤが主流になりましたが、これは26インチ。悪路や山道で頼もしい一台。

ロードに近い快走性能と十分な荷物の搭載能力を両立したスポルティーフ。こうした自転車はメーカー車が少なく、これもオーダー。

用途はほとんど同じなのですが、細いスチールフレームにアルミ製のマッドガードが付いた優美なスタイルが好みです。見た目がまったくレーシーではないので、里山の田園風景に不思議と馴染むスタイルです。単に見た目の慣れとか好みの問題だとは思いますが……。

太いタイヤにも小さいタイヤにも意味がある

一台あると遊びの幅がグンと広がるのが、太いタイヤを履いたＭＴＢです。荒れた林道や山道など、この自転車でないと入っていけない場所がありますから、普段は出番が少なくても手放すことはできません。スパイクタイヤを履かせて雪道をツーリングしたこともありますが、そんな遊びができたのもＭＴＢのおかげです。

昨今のＭＴＢは、ロードバイク以上に競技機材として著しく進化し、用途も細分化されているのですが、筆者のＭＴＢはスチールフレームで、ブレーキは主流のディスクではなく、Ｖブレーキというクラシックな仕様です。ツーリングには十分なので満足していますが、これで一度レースに出た時は、特に下りでまったく周りについていけず、限界を感じました。

個性的なデザインの自転車に乗りたいなら、ミニベロの独壇場です。基本的にダイヤモンド形状のフレームしかないロードバイクに比べ、さまざまなタイヤ径が採用されているミニベロは、個々のモデルに異なるシルエットがあり、見ても乗っても楽しいものです。

折りたたみタイプのミニベロなら、輪行（74ページ参照）も気軽に行うことができます。筆者はＢＤ－１（現行モデル名はBirdy）とブロンプトンを所有していますが、普段のちょっとした移動や、鉄道を要所要所で利用する輪行メインのサイクリングで活用しています。時には１００kmに迫る距離を走ることもありますが、基本的には「自転車を降りる時間も長い、寄り道サイクリング」に向いた自転車です。また、屋内で保管する時に場所を取らないのも、折りたたみタイプの大きなメリットですね。

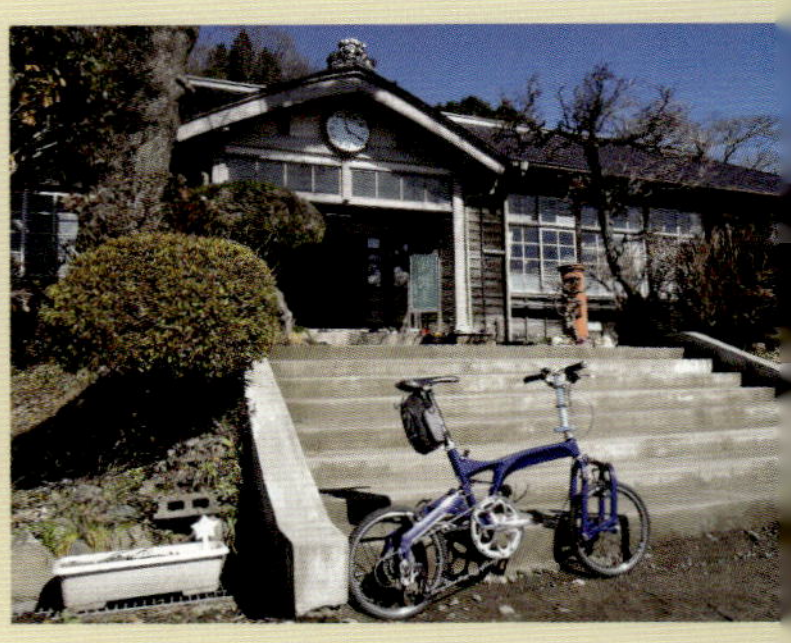

輪行と相性が抜群によい折りたたみタイプのミニベロ。寄り道重視の気軽なサイクリングやストップ&ゴーの多い街中に最適。

走行性能という面では、基本的にタイヤが大きいほど有利なので、ミニベロがロングライドに向いているとはいえませんが、20インチくらいのタイヤを装備して、設計も優秀なモデルは、ロードバイクに匹敵するほど高い走行性能を発揮します。

自転車選びとは、実はタイヤ選びなのです。きれいな舗装路を走る限り、ロードバイクが絶対的に有利なのですが、そうではない道を選んだり、自転車を降りる時間も楽しむサイクリングなら、違う選択肢もあるのです。

Part

2

装備の選び方と積み方

まずはウエアを揃えよう

多くのスポーツに専用のウエアがあるように、自転車にも専用のウエアが用意されています。機能が優れたウエアは、自分のパフォーマンスと快適性を大きく上げてくれます。

サイクリングという趣味の本質は、自転車を選んだりいじったりすることではなく、走ることそのものにあります。そろそろ、走る準備を始めましょう。

ロングライドに限らず、サイクリングに出かけるために必要なものは、以下の5つに分けることができます。

- 身につけるウエアやヘルメット
- あなたの安全装備（携行する防寒着など）
- 自転車の安全装備（ライト、ベルなど）
- 自転車のトラブル対応アイテム（工具、予備部品類）
- 便利グッズ（財布、スマホ、お守り……）

ウエアは自転車専用に限ります。インナー、ジャージ、パンツ、グ

サイクルジャージは通気性、速乾性に優れ、汗をかいても体を快適に保ちます。背面には小物の収納に欠かせないポケットが付きます。機能性を踏まえた上で、好みのデザインを選んで。写真はいずれもメイド・イン・ジャパンのパールイズミ製。

柔軟性に富む生地を用いているサイクルウエアは、乗車時の前傾姿勢にフィットしてバタつかず、手足の動きを妨げません。

ローブ、ソックスが基本となります。この5点は必ず揃えましょう。後述するビンディングペダルを使うなら、専用のシューズも必要です。

普段着で快適な時間を過ごせるほど、サイクリングは甘くありません。特にロングライドでは、ウエアの機能性や快適さが、時に自転車の性能以上に重要です。肩凝りやお尻の痛みなど、起こりがちなカラダのトラブルの大半は、ウエアで改善することができます。春夏用ウエアであれば通気性に優れ、秋冬用ウエアであれば防風や防寒性に優れています。いずれも伸縮性に富んだ素材を使っているため、カラダ（乗車姿勢）にフィットしながらも手足を動かしやすいのが特徴です。

お尻を衝撃や擦れから守るパッドが内部に貼られています。こうしたタイツは、タンクトップ付きの「ビブタイプ」が快適です。

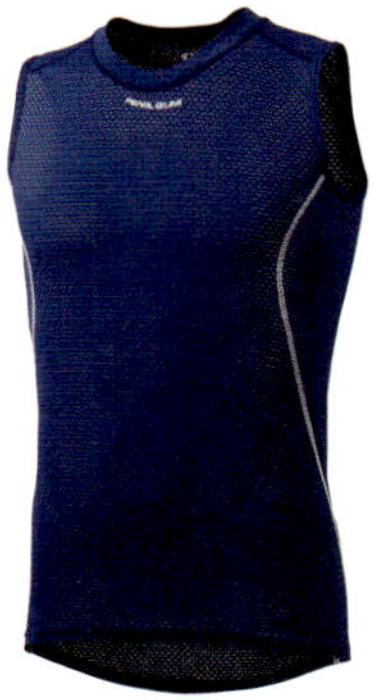

サイクルウエア自体が速乾性に優れてますが、汗を吸収するインナーを着込むとさらに快適。体に密着するサイズを選ぶことが大切です。

機能優先ウエアが自転車の正装

ウエアは見た目のファッション性や好みが強調されがちですが、サイクリングにおいてはギア（道具）の一部。すべてはファッションよりファンクション（機能）優先です。そのうえで、好みのブランドやカラーリングのウエアを選んでください。

乗車時間が短いサイクリングであれば、普段着で走っても構いませんが、少なくとも100kmの距離をめざすのであれば、機能重視は鉄則です。

ウエアは対応気温が重要です。一年を通じてサイクリングを楽しむなら、少なくとも春夏用、秋冬用がそれぞれ必要です。ベーシックな春夏用のもので、インナーが6000円前後、ジャージが1万円前後、パンツが1万5000円、グローブが5000円、ソックスが1500円ほどになります。つまり、4万円近い出費となりますが、これはもう必要なモノと覚悟して、なるべく早く揃えましょう。もちろん、ヘルメットとアイウエアもサイクリングの必須アイテム

サイクリングは運動量の変化が激しいため、優れたウエアが欠かせません。全身をサイクルウエアに包むと、「走るぞ」と気持ちも高まります。

ハンドルの保持と衝撃を吸収する役割を担うのがグローブ。気温や好みに応じて、フルフィンガーと指切りタイプを使い分けます。

です。

パンツのパッドは非常に重要です。「お尻が痛い」という悩みを解消してくれます。最近はロングライド用に厚めのパッドを備えたパンツが増えていますので、そうしたタイプを選ぶのも賢いでしょう。

パンツは肩ひもが付いた「ビブタイプ」が絶対にオススメです。ずり下がることなく、お腹への圧迫がありません。自転車用でビブ以外のパンツが存在するのが不思議なくらいです。なお、筆者が100km以上の距離を走る時は、摩擦による肌の痛みを防ぐ潤滑クリーム（アソスのシャーミークリームなど）を愛用しています。

その他、腕を寒さや日焼けから守るアームカバー、同様に足を守るレッグカバーも必須アイテムといえます。

「ピチッとしたウエアは恥ずかしい」という気持ちもよくわかります。しかし、あなたが思うほど、周りはあなたを見てはいません。ロードバイクと一緒にいる限り、体型にかかわらずサイクリング用ウエアのほうが快適でカッコいいものです。それをあえて身につけないのはもったいないですし、最善の装備を自ら整えることは、ロングライドにおいて義務に近いと思います。

輪行やお店に立ち寄る時に、周囲の視線が気になるようでしたら、コンパクトなハーフパンツを携帯して、必要に応じて重ね履きすればいいでしょう。筆者は、雨天に備えたレインパンツを履くこともあります。

秋～初春シーズンにかけて欠かせないのが、耳を守るウォーマー。前身頃の保温力を高めるインナーウォーマーは、着脱が容易で便利なアイテムです。

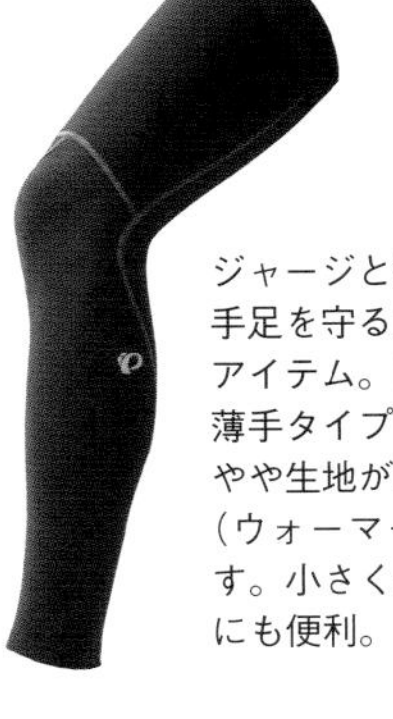

ジャージと組み合わせて、手足を守るカバーも必携アイテム。日焼け対策の薄手タイプと、防寒用にやや生地が厚手のタイプ（ウォーマー）があります。小さくなるので携帯にも便利。

ウエアの選び方と着こなし術

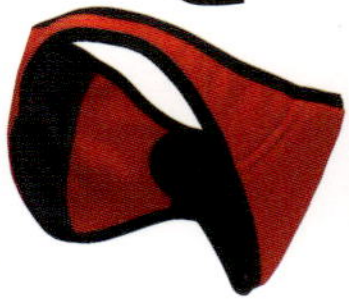

四季の変化を感じるのもサイクリングの醍醐味。気温に応じたウエアを揃え、体感温度の変化に対応する「着こなし」を身につければ、年間を通して快適なサイクリングが可能です。

ウエア選びは、春と秋が難しいといえます。それは寒暖の差が大きいからです。日中は汗ばむほどでも、朝夕は凍えるほど冷えたりします。

そのため、いちばん寒い時間帯や、いちばん標高がある地点の気温を見据えて、ウエアを選ぶ必要があります。「我慢」は禁物ですし、楽しくなければサイクリングではありません。

下りや休憩時の寒さに備えて、小さく収納できるウインドブレーカーを携帯していると安心。年間を通して活躍するアイテムです。

こうした寒暖の差に備えるためには、ウエアの重ね着、いわゆる「レイヤリング」が重要です。早朝、家を出る時がいちばん厚着になりますが、気温の上昇に伴って、脱いだり外したりできるよう、薄手のジャージを重ねて着たり、ウインドブレーカーやネックウォーマー、インナーベストなど、保温・防風アイテムを組み合わせましょう。また、グローブ、シューズカバー、イヤーウォーマーによるカラダの末端部の防寒も欠かせません。

ポイントは、暑くなって脱いだり外した時に、コンパクトに携行できるような製品を選ぶことです。ジャケットのポケットに入るものが理想ですが、外したアイテムの収納スペースを見越して、サドルバッグやリュックを用意する必要もあります。そのため、ダウンやフリースといった、保温力は抜群でもかさ張るウエアは、サイクリングでは使いづらいのです。

真冬でも、登りに差しかかれば簡単に汗をかきます。しかし、運動量が減る下りになると、走行風と濡れたウエアが相まって急速に体温が奪われます。

こうした「汗冷え」を防ぐために、登りでは防寒アイテムを外し、ジッパーを全開にして熱気を逃がし、なるべく無駄な汗をかかないようにしましょう。グローブを外すのも効果的です。そして下りに差しかかったら、あらためて防寒アイテムを装着し、ジッパーを閉め、グローブをはめます。こうした「レイヤリング」ができるウエアを選び、組み合わせることが必要なのです。

気温の変化が激しい季節や、起伏の多いコースを走る場合は、「着

登りに差しかかったら、早めにジッパーを降ろします。

気温0度に対応するウエアに身を包んで峠を下る。防寒アイテムを組み合わせることで、マイナス5度程度までは快適なサイクリングが可能。

こなし」が欠かせません。面倒なようですが、ちょっとした手間で効果がすぐ実感できます。体調や気温の変化に敏感な対応を心がけ、漫然と走り続けるのは禁物です。

レインウエアで身を守る

ロングライドでは、雨天に備えたレインウエアも必要です。わざわざ雨のなかを走る必要はありませんが、天気予報が外れて雨に見舞われることもありますし、移動距離と時間が長くなればなるほど、天候は変わっていきます。

レインウエアは防風性にも優れていますので、防寒対策の切り札としても活用できます。「ゴアテックス」など、内部の蒸れを抑える透湿性素材を使ったレインウエアが快適です。高価ですが、その価値は使えばわかります。

頭から被るポンチョや、コートのようにすそが長いレインウエアもありますが、ある程度の速度が出ると、バタバタとはためいてしまうので機動力が低下します。上下にセパレートされた、ジャケット＋パンツのレインウエアを選びましょう。

筆者はウインドブレーカーを携行せず、より高機能なレインジャケットを晴天でも持って走っています。ただし、レインジャケットはややかさ張りますので、大きめのサドルバッグか小さなリュックが必要になるというデメリットもあります（ウインドブレーカーならジャージの背面ポケットに収まります）。

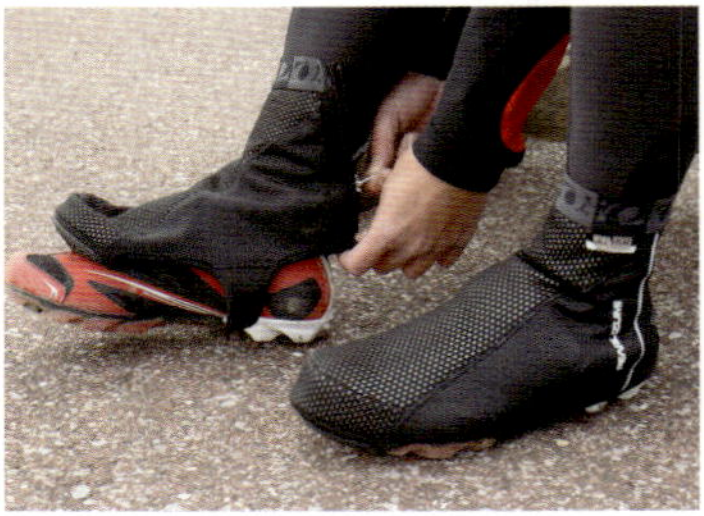

自転車用のシューズは通気性がよいため、晩秋〜初春はシューズカバーが欠かせません。冬期用のシューズを別途買うよりも経済的です。

ジャケットの下に、インナーウォーマーを着込んだ状態。収納時にかさ張らず、着脱も素早くできる便利な防寒アイテムです。

ゴアテックスなど透湿性素材を用いたレインウエアは、最強の防寒着です。過度な蒸れを抑えつつ、防風と保温効果を期待できます。

一般的なイメージでは、冬の寒さがサイクリングの大敵のように思われています。しかし、寒さはウエアでカバーすることができます。マイナス5度程度までなら、ウエアとペース配分次第でロングライドも可能です（路面が凍結したり、積雪があるとロードバイクでは走れませんが）。

本当にどうしようもないのは、暑さです。近年は気温が40度に迫るような猛暑日が珍しくありません。暑さにウエアで対抗するのは難しいので、夏にわざわざ暑い盆地を走るようなプランニングは避けなければなりません。このあたりは、パート3で詳しく取り上げます。本当に快適なウエア選びは、コース作りなどのプランニングと密接な関係があるのです。

自転車の安全装備

前後のライトとベル。これらは必須装備です。特にライトのよしあしは、フレームの違いやコンポーネントのグレードよりも重要。サイクリングの安全性を大きく左右します。

買ったばかりのロードバイクには、ライトとベルが付いていません。どちらも安全装備として必要なもので、道路交通法でも定められています。必ず用意しましょう。

夜は走らないからライトは要らない、という考えはダメです。冬場は朝も暗いですし、思いのほか行程の消化に時間がかかって夜を迎えてしまった……というのは、よくある話です。トンネルだってあります。前後のライトは必須装備です。

市販のロードバイクには、ライト専用のスペースはありません。明るく、コンパクトな製品を選び、ハンドル周りにアレンジしてください。

価格も性能も、ピンからキリまであるのがライトです。そして、自転車関係のアイテムのなかで、近年もっとも進歩が著しいのがライトです。

以前は乾電池タイプのフロントライトが主流でしたが、ここ数年であっという間に充電池タイプが普及しました。バッテリーの容量が増えたので、明るくハイパワーであることと、点灯時間の長さを両立できるようになったのです。

ライトをケチってはいけません

１００円均一ショップでも自転車用のライトが手に入る時代です

街灯がない道は想像以上の真っ暗闇です。自分の視界を確保できるフロントライトと、存在をアピールするテールライトが命綱です。

が、そうした極端に安価な製品を買うのは避けましょう。また、比較的安価な懐中電灯タイプの汎用LEDライトの性能が、自転車用を明らかに上回っている時期もありましたが、現在は自転車用ライトの性能が大幅に向上しています。

ライトは光ればよいのではなく、街灯などの環境光がまったくない真っ暗な夜道でも、路面をしっかり照らし出す明るさと十分な使用時間の長さが必要です。街中で暮らしていると環境光が多いので油断しがちですが、街灯がない峠路や農道は漆黒の闇です。ライトがなければ自分の指さえ見えない暗さであり、そうした闇夜も走ることを考えてライトを選びましょう。

いざという時に頼れるライトは、それが1万円でも2万円でも高価とは感じないものです。不安があるライトは、それが一円でもお金の無駄です。

ライトの明るさを示す指標には、ルーメン（光束。ライトの能力）、カンデラ（光度。光の強さ）、ルクス（照度。光が当たった場所の明るさ）があります。製品によって採用している指標がバラバラなのと、配光パターンもまちまちなので、使ってみないとよしあしがわからないのが難しいところですが、ルーメンなら300、カンデラなら4000、ルクスなら90以上を発揮する製品を選ぶべきです。また、長時間のナイトライドを前提とするなら、ヘルメットにもライトを付けておくと、視線の先を照らすことができるので何かと便利です。

明るさと同じくらい大切なのが、使用時間です。前述のような明るさを発揮しつつ、一晩丸々点灯してくれるのが理想ですが、現状では探すのが難しいでしょう。そのため、二灯体制か予備バッテリーを用意することもあります。

信頼性も重要です。日本ブランドはさすがに優秀で、キャットアイの製品は非常にトラブルが少ないことで定評があります。

筆者がロングライドに出かける場合は、日中に走り終える予定でも、300ルーメンのライトを必ず装備しています。夜間を長時間に渡って走る場合には、さらに明るい800ルーメンのライトも併用しています。

後方からの視認性を高めるテールライトも忘れずに。こちらも明

300ルーメンの明るさ（キャットアイ・ボルト300）。明るく見える範囲がやや狭いので、走行速度を落とさざるを得ません。

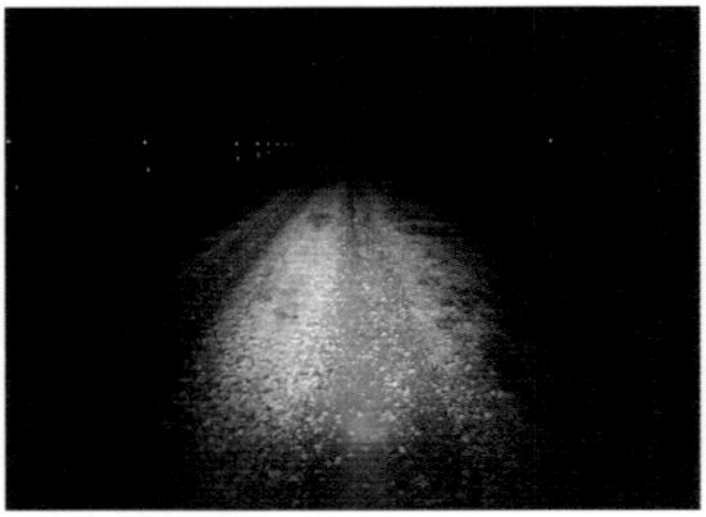

800ルーメンの明るさ（キャットアイ・ボルト800）。15mほど先まで、一車線幅の隅々まで照らし出してくれます。

るさが重要ですが、雨や振動に弱い製品もあるので、やはりある程度は高価な製品を選びましょう。

なお、規則で定められているのでベルの装備も必要なのですが、実際に鳴らす機会はほとんどありません。歩行者に鳴らすのは非常識ですし、クルマに対して聞こえるかわかりません。そのため、ベルは小さなものを「念のため」ハンドルかステムに付けておけば問題ありません。

これら以外に必要なアイテムは、ドリンクボトル、それを取り付けるボトルケージ、防犯用のカギといったところです。

ロードバイクはたいていふたつのボトルケージを付けることができます。ひとつにスポーツドリンクを入れ、もうひとつは真水にし

ておけば、暑い時に頭や手足にかけることができます。その必要がない時は、ツールボトルを一本差し、工具などの荷物を入れるスペースに使うのも便利です。最低限の工具や予備のチューブ、そしてカギなどが十分に入るので、その分、バッグを減らしたり、小さなバッグを選ぶことができます。

　市販のアタッチメントを用いたりして、ダウンチューブの下に三つ目のボトルケージを追加するのも、ロングライドではよく見かけるスタイルです。乗車中には出し入れできませんので、ツールボトルのスペースとして利用します。

　ライトなどの保安装備と最低限の荷物スペースを確保することで、ロードバイクはサイクリングに適した自転車になるのです。

必要な装備を整えた筆者のロードバイク。ツールボトルとサドルバッグを併用することで、レインジャケットや輪行袋一式を携行しています。

近年のライトは高性能な充電池を採用し、コンパクトながら十分な明るさと使用時間を両立しています。写真はキャットアイのVOLT800。

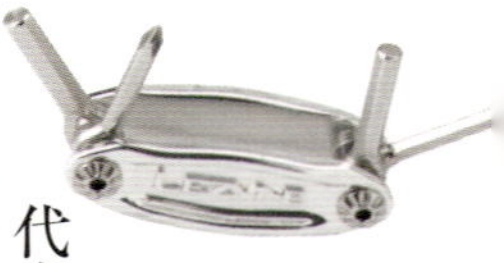

自転車のトラブル対応アイテム

代表的なトラブルはパンクです。これだけは未然に防止するのが難しいので、パンク修理のアイテムとノウハウは必要です。それ以上のトラブルにどこまで備えるか？ それはあなた次第。

自転車はシンプルで信頼性の高い乗り物です。専門店できちんと組み立てられ、整備されたスポーツ自転車であれば、走行中に体験するトラブルは、パンクくらいです。

スポーツ自転車は簡単にタイヤが外せるので、パンクをしたらチューブごと交換するのが基本です（チューブレスタイヤの場合も予備チューブを使う。チューブラーはタイヤごと交換）。そのために必要なものは、予備チューブ、タイヤを外すためのタイヤレバー、空気を入れる携帯ポンプです。

この三点を用意しておくことと、その使い方を覚えておくことは、ロングライドに限らずどんなサイクリングでも必要です。予備チューブは2本あれば安心です。タイヤのトレッドやサイドが裂けるトラブルに備えて、少々のガムテープや「タイヤブート」などの補修用品もあると安心です。

さて、パンク以外のトラブルに対応する工具やアイテムは、どこまで必要でしょうか？ とりあえず、よく使う4、5、

筆者が携行している工具類はこれだけ。オレンジ色の板は、ディスクロードでの輪行に必要なスペーサー。ポンプは自転車に取り付けています。

6㎜サイズのアーレンキーやプラスドライバーがセットされた携帯工具は持ちましょう。出先でハンドルやサドルのポジションを調整したいこともあるからです。ツーリング車であれば、輪行する際にそうした工具が必要な場合もあります（ロードバイクは工具不要で輪行できます）。

脱落に備えて、ビス類の小物をいくつか用意してもいいかもしれませんし、ナイロン製のタイラップがあると何かと便利です。予備チューブを使い切ったことを考えて、チューブの穴をふさぐパッチを持ってもいいでしょう。

工具は基本的に無駄な荷物？

専門的な工具や予備部品は、日帰りのロングライドでは「持たない」と割り切ることが多いです。よくいわれることですが、トラブルを心配しだすと、予備の自転車が必要になってしまいます。どこかで割り切ることで、初めてロングライドにふさわしい軽装で走ることができるようになります。

早いもので25年以上もサイクリングを楽しんでいる筆者ですが、パンク以外のトラブルは、チェーンが切れたことが2回、スポークが折れたことが2回くらいです。

チェーンの接続には専用工具が必要。つなぐコマの向きや接続ピンの押し込み量が決まっているので、やや難しい作業です（62ページ参照）。

チェーンをつなぎ直す工具（チェーン切りと接続ピン）や、ニップル回し（スポークの張りを調節する）くらいは持っていたほうが安心といえば安心ですが、ちゃんと整備され、消耗品も交換している自転車に乗っていれば、ほとんど出番はありません。

工具類とは意味合いが異なりますが、輪行の予定がなくても、輪行袋を持って走ると安心です。メカ的なトラブルはもちろん、体調や天候の変化によって走行を中断したい場合、輪行できれば簡単に自転車と一緒に帰宅できます。

そして、いちばん大切な持ち物は、お金でしょうか。必要なものを現地で調達する、やむを得ずタクシーを呼ぶ、宿泊する……すべてお金があれば解決できます。

本当に役立つ パンク修理術

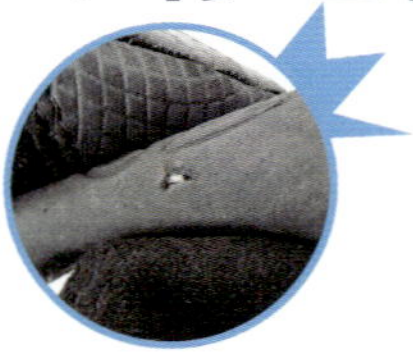

サイクリング中に起こりえるトラブルの代表がパンク。
他のメンテナンスや修理はプロに任せるとしても、
これだけは全サイクリストの必修科目。
大切なのは、原因の究明と丁寧な確認作業です。

1

まずは異物の有無を確認。あれば取り除きます。段差でパンクした場合などは、タイヤに異常がないこともあります。

2

空気は抜けていると思いますが、念のためにバルブを緩め、先端のコマを押し込んで完全に空気を抜きます。

3

タイヤをもみ、ビード（リムに引っ掛けている部分）を内部に落とし込みます。これでタイヤが外れやすくなります。

4

バルブから離れた場所に、一本目のタイヤレバーを差し込みます。使い勝手のいいパナレーサー製を愛用しています。

5

一本目のタイヤレバーを倒し込んでスポークに引っ掛けたら、10㎝ほど離れた場所に二本目を差し込みます。

6

二本目のタイヤレバーを滑らせるように移動させ、ビードをリムから外していきます。30㎝ほど外れれば十分です。

7

ビードの隙間に指を入れ、残りを外します。タイヤレバーはチューブを傷めることもあるので、なるべく手で。

8

チューブを引き出します。タイヤ表面に異物があった場合は、その位置のチューブを確認し、パンクの原因を再確認。

9

バルブを抜きます。チューブを取り出すとリムテープが見えるので、ずれやねじれの有無を確認します。

10

タイヤの裏を指でそっとなで、異物や裂け目の有無を確認します。裂け目があったら、ガムテープなどを裏に貼って。

11

出先ではパンクしたチューブの修理はせず、予備の新しいチューブに交換します。まず、少しだけ空気を入れます。

12

チューブをタイヤのなかに入れていきます。工程8の逆です。ねじれたり詰まったりしないよう、バランスよく。

13

チューブを挟まないように気をつけながら、タイヤのビードをリムに入れていきます。工程7の逆です。

14

途中までは簡単に入りますが、残り30～40cmになるとキツくなります。タイヤを両腕で抱え、絞り上げて押し込みます。

15

ビードが入ったら、チューブを噛んでないか全周を確認。必要なら指でタイヤをもみあげ、チューブを内側に。

16

パンクしていないタイヤの硬さに近づくまで、空気を入れます。フロアポンプのように使える携帯ポンプがおすすめ。

空気を入れ終わったら、バルブを閉めて作業は完了。車輪をフレームに戻し、歪みなく回ることを確認してから乗車しましょう。

バッグの優先順位

防寒やトラブル対策グッズを携行するためには収納スペースが必要です。けれども、バッグ類は少なく軽いほど、走りは快適です。何を入れるかではなく、何を削るかという観点で荷物を選びましょう。

ロードバイクは、荷物を積むことをまったく考えてない自転車です。レース中の映像や写真を見ると一目瞭然ですが、ドリンクボトル以外はなにも付いていないのが普通です。

しかし、サポートカーなどが帯同しない趣味のロングライドでは、気候の変化や自転車のトラブルに自分で対応できる装備と、それらを収めるスペースが必要です。

バックポケットには意外とたくさんの物が入ります。まずはここを活用し、入りきらない装備の量を見極めてから、バッグを選びましょう。

まず活用すべき最初の収納スペースは、サイクリングウエアのバックポケットです。お財布やスマホ、カメラといった身の回りのアイテムに加え、予備のチューブなどが十分に入ります。背中に大きなポケットがあるのが、サイクリングウエアの特徴です。ここを活用する前にバッグを付けるのは、もったいないのです。

次に利用するのは、ボトルケージです。ドリンクボトルの代わりにツールボトルを差せば、そこに工具や予備チューブなどをすっぽり収めることができます。重いものを入れても走行性能にあまり影響しないのがメリットです。ただ、夏はドリンクボトルが2本ほしいので、ツールボトルは使いづらいかもしれません。

バッグの優先順位と選び方

ポケットやツールボトルに入らないものが必要になって、初めてバッグが登場します。ややかさ張るレインウエアや輪行袋を携行するためには必要です。ロードバイクの場合、やはりまずはサドルバッグが適当です。

サドルバッグを選ぶ際は、ポケットやツールボトルを併用することを前提にして、なるべく小さなものを選ぶべきです。バッグ自体が走行性能を上げるとか、付けているから楽に走れるということはありません。また、大きなバッグを用意すると、それだけで重量が増え、ついつい入れる荷物が増えてしまいがちです。必ずしも「大は小を兼ねる」とはならず、デメリットが生じます。

リュックは小さなタイプでもサドルバッグを優に超える容量を確保できます。軽くてかさばる物の収納に向いています。

上下のレインウエアとレインシューズカバー。そして輪行袋一式。これらを納めるために、筆者は大型サドルバッグを装備しています。

従来のツーリング車では、フロントバッグが一般的でした。自転車にまたがったまま荷物を取り出すことができるので、使い勝手は抜群です。しかし、ロードバイクの場合、フロントバッグを装備すると、軽快な乗り味が損なわれます。バッグを支えるキャリアがないうえに、ヘッドチューブとフロントセンターが短いので（ハンドリングがクイック）、フロントバッグを装備すると一気に走行性能が悪化します。

荷物の取り出しやすさが、総合的な走行時間を短縮するという考え方もあります。いちいち自転車を降りなくても、補給食を口にできます。そのため、あえてロードバイクにフロントバッグを付けるのも見識だとは思いますが、なるべく小さいものを選び、入れる荷物も厳選するのが得策です。

　もちろん、リュック（バックパック）も選択肢です。容量と費用のバランスに優れており、乗車時の安定性も抜群です。ただし、荷物が重くなると肩凝りなどストレスの原因になるのがネックです。

　どんな方法で荷物を収めるにしても、全体のバランスと分散が重要になります。ポケット、ツールボトル、サドルバッグの順に荷物を収め、それでも入りきらない場合は、リュックを使い、なるべく軽い物だけ入れます。

　ちなみに、走る距離の長さと装備の多さは、必ずしも比例しません。１００㎞でも１０００㎞でも、基本的には同じ装備で走ることができます。装備の種類に大きな影響を与えるのは、防寒着の有無など、気候です。輪行袋を持っていくかどうかなど、サイクリングのスタイルによっても変わります。

　走る距離が短いサイクリングであれば、少々荷物が増えても負担にならないため、調理用バーナーなどを持っていき、野外調理をすることもあります。一方、欲張った距離を一気に走りたい時は、多少の不便を覚悟しつつ、携行する装備を絞り込みます。

「バイクパッキング」という新たな流儀

　最近になって注目されているのが「バイクパッキング」という考え方であり、それを実現する新機軸のバッグです。

　従来、キャンプ装備のような大量の荷物を積む場合は、キャリアを追加して大型のサイドバッグを利用するのが一般的でした。キャリア用のダボがないロードバイクやＭＴＢにキャリアは付けづらく、キャンプツーリングのような旅は難しいものでした。かといって、専用のツーリング車を用意するのはもっと難しいものです。

　しかし、バイクパッキング（なにか輪行のための収納を思わせますが、「バックパッキング」からの造語でしょう）では、キャリア不要のバッグを利用します。これまでの常識を覆すほど大きなサドルバッグや、フレーム三角内を利用するバッグなどを併用して収納スペースを確保します。

キャリアを使用せず、バッグ自体も軽量なため、従来のキャンプ装備に比べると総重量を大幅に抑えることができるのが、バイクパッキング式スタイルの魅力です。

キャンプツーリングは、自転車の前後左右に大きなサイドバッグを付け、山のような荷物を積むイメージがありました。それはそれで味わい深いスタイルでしたが、どうしても走行ペースが上がらないので、ロングライドとの両立は難しいものでした。

バイクパッキング式を採用したロードバイク、いわば「バイクパッカー」というスタイルによって、もっと手軽に、そしてロングライドも可能なキャンプツーリングが、これから人気を博すのは間違いありません。

キャリアレスの軽量バッグ類を活用した「バイクパッキング」スタイル。自転車とキャンプ道具を含めた総重量は15kgを切ります。従来のキャンプツーリング用自転車＋装備の半分程度の重量なので、十分に快適なサイクリングを楽しむことができます。

最低限のキャンプ道具でも、快適な夜を過ごすことができます。サイクリングの王道だったキャンプツーリングが、ロードバイクでも可能に！

テントやシュラフなどの主要なキャンプ道具。これらが小さく軽く進化したことで、現実的で身軽なバイクパッキングが可能になりました。

走り出す前の儀式としてのメンテナンス

中途半端な知識で自転車をいじるとたんにトラブルが発生します。餅は餅屋ですので、日頃の清掃以上のメンテナンスは、ショップのスタッフに任せることをおすすめします。

メンテナンスとは、本来の性能を発揮するための整備や保守といった行為です。幸い、最近の自転車はほとんどメンテナンスフリーです。異常なく走り終えたら、きれいに洗車しておけば問題ありません。

次に走る前にすることは、フロアポンプでタイヤの空気圧を設定どおりに高めておくことと、チェーンをクリーナーで洗浄してから、注油しておくことくらいです。

ロードバイクなどの高圧タイヤは、しばらくすると空気が抜けてきます。また、チェーンは汚れやすいですし、油膜が切れると格段に抵抗が増えるので、丸一日走ったら、洗浄と注油をすべきでしょう。ライトなど電池を使うものは、充電や電池の交換も必要です。

洗車と空気圧とチェーンと電源の管理。これだけで、スポーツ自転車と付き合うスキルは十分です。しばらくすれば、消耗品であるブレーキシューの交換なども必要になりますが、専門的な工具やスキルは不要です（ディスクや特殊なブレーキを除けば）。

なお、チェーンも消耗して伸びてきます。だんだん変速性能が悪くなり、ギヤまで摩耗させます。そのため、５０００㎞くらい走ったら交換しましょう。これに必要

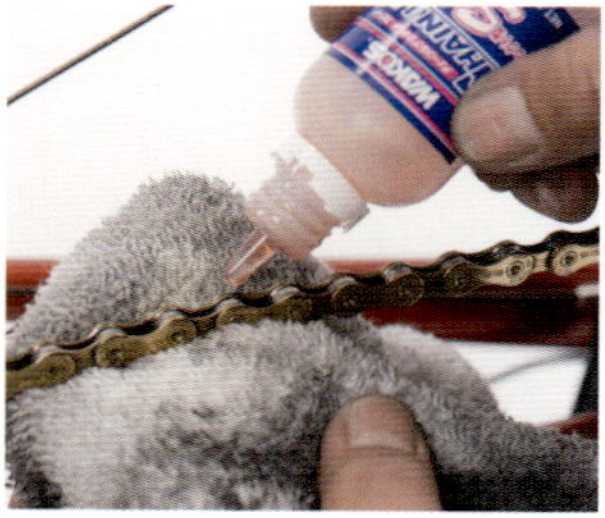

丸一日走れば、チェーンは相当汚れます。スプレー式のクリーナーで汚れを落としてから、専用のオイルをひとコマずつ丁寧に差しておきます。

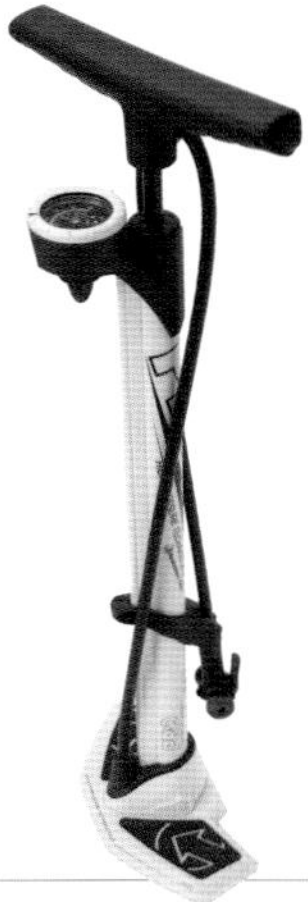

タイヤの空気は少しずつ自然に抜けます。空気圧によって乗り味が大きく変わりますので、ゲージが付いたポンプでこまめに補充しましょう。

なチェーン切りという工具は、自分で購入して、交換の手順を覚える価値はあります。

プロに任せるところは任せよう

日々のお手入れ以上の整備や部品の交換などは、自転車を購入したショップのスタッフに任せるのが、サイクリングを楽しむコツです。ワイヤー交換、変速調整、ホイールの振れ取り、ヘッドやハブのベアリング交換など、筆者は基本的にぜんぶプロに任せています。やれば自分でもできますし、必要な工具も持ってはいますが、どの作業をとっても、プロは短時間でより正確に仕上げてくれます。

自転車はシンプルな乗り物なので、わずかな専用工具と知識があれば、自分でかなりの部分まで手を入れることができます。規格が合ってさえいれば、部品の交換なども思いのままです。つまり「いじる」という楽しみもあります。

「自分で組んだから、出先でのトラブルにも対応できる」という意見もありますし、それは否定しません。しかし、トラブルは起きない・起こさないのがいちばんです。

プロではない人が組んだ自転車は、トラブルを起こす確率がぐんと増えます。また、自分ではできたつもりでも、実際は部品の性能を発揮できてない状態が珍しくありません。

何十年も自転車趣味を続けていても、組み立てる自転車の数はたかが知れています。プロが一週間に組む数にも及ばないでしょう。経験値は雲泥の差です。また、大して使う機会がない専用工具に費用をかけるよりも、新しいウエアやライトに投資したほうが、サイクリングが快適になります。

サイクリングの本質は走ることにあり、自転車は命を乗せるものです。自分でいじるのはホドホドにして、本格的な整備はプロにお願いしましょう。

チェーンの交換手順

タイヤやブレーキシューと並ぶ隠れた
消耗品がチェーンです。少しずつ伸びていき、
変速が不調になりギヤを
傷めてしまいます。累積走行距離が
5000kmに達したら、
トラブルを防ぐために交換しましょう。

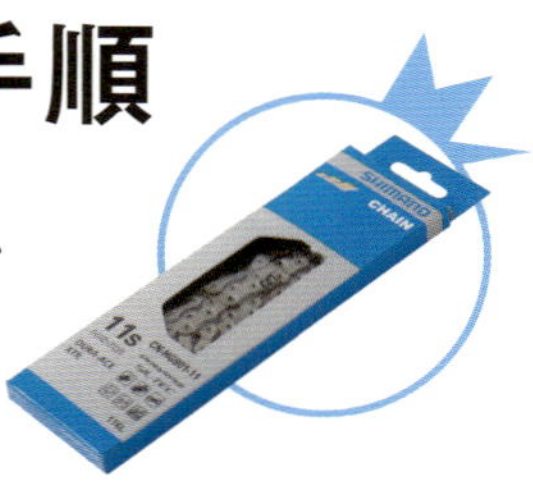

1
チェーン摩耗インジケータを当てて、伸びの有無をチェックします。これがストンとはまると、伸びてしまってます。

2
張ったままのチェーンを切ると跳ねるので、リアのギヤをトップに、フロントはBBの上にチェーンを落として弛ませて。

3
変速段数に対応したチェーンツールを用意します。プレートにコマを重ね、ハンドルを回してピンを押し出します。

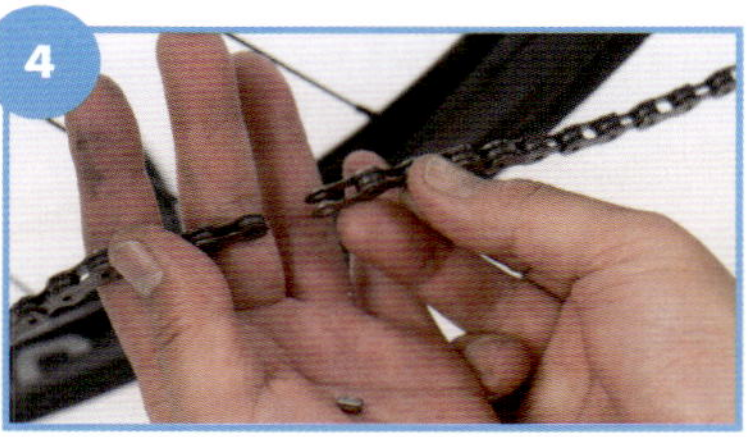

4
ピンが抜ければ分割できます（チェーンを切る、といいます）。ゆっくりギヤを通過させ、自転車から外します。

5
外した古いチェーンと同じコマ数（長さを合わせてはダメです）になるよう、新しいチェーンを切ります。

6
新しいチェーンをディレイラーに通していきます。事前に、チェーンの通し方を理解しておきましょう。

7

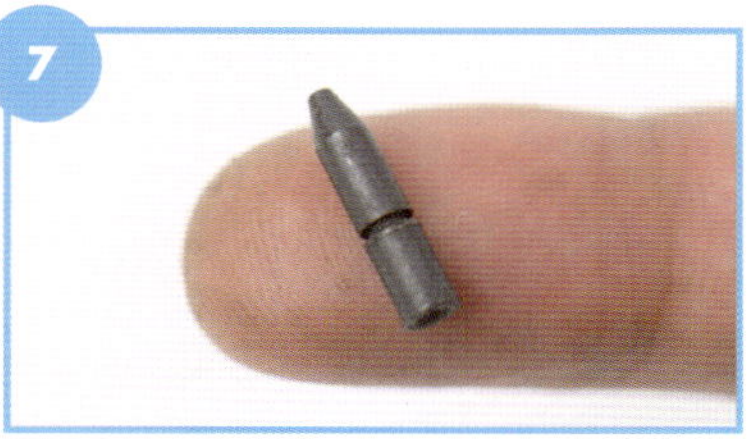

チェーンの接続ピン。新しいチェーンに付属しています。これを圧入し、チェーンの両端をつなぐことになります。

8

チェーンが回る方向の前側のアウターリンク（幅が広いコマ）の穴に接続ピンを差すと、切れにくくなります。

9

チェーンツールをセットし、接続ピンを圧入。チェーンの外側にピンが出ていると、変速が不調で切れやすくなります。

10

指でアウターリンクに触れ、完全にピンが入って面が揃っていることを確認。突き出していても凹んでいても不可です。

11

チェーンツールの横面にある穴を使って、接続ピンの不要部分を折ります。こちら側は、少しピンが飛び出ているのが正常。

12

つないだ箇所のチェーンの動きを確認。渋い場合は、左右に何回かひねれば解消します。

チェーンの交換は、適合する変速数のチェーンやツール（10速用で11速チェーンは使用不可）を選ぶことが重要です。また、つなぐコマの位置関係やピンの圧入が適切でないと、走行中に変速が不良になり、チェーンも切れやすくなってしまいます。摩耗を図るインジケーターやツールも安価ではありませんので、必ずしも自分でチェーンを交換する必要はありません。プロに依頼するのも賢い選択です。

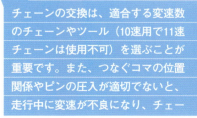

ビンディングペダル、使うべきか否か？

スポーツ自転車らしい優れたシステムがビンディングペダルです。シューズとペダルを固定することで、乗り手と自転車の一体感が高まります。

ロードバイクはペダルが付属しないことが多いので、好みに応じて別途ペダルを購入することになります。そして、一般的なフラットペダルか、ビンディングペダルを選ぶことになります。

ペダルとシューズを固定できるビンディングペダルは、スポーツ自転車ならではの装備です。その一体感や、ペダルを踏み外す心配がないという安心感は大きなもの

シューズ底のクリートと呼ばれる金具をペダルがキャッチして、両者を固定。これがビンディングです。外す時は、足首を外側にひねります。

スポーツ自転車に乗り始めたばかりだったり、ポジションが常に変わる成長期の子供は、無理にビンディングペダルを使う必要はありません。

です。

自転車にさほど興味がない人がロードバイクに接すると、だいたい驚くのが重量の軽さ、次に変速段数の多さ、そしてビンディングペダルの存在です。

ビンディングペダルを使えば、踏むだけでなく「引き足」も使えるので、出力が増すといわれます。しかし実際のところ、ペダルは左右の足で交互に踏んで回すものなので、ビンディングペダルにしたからといって速く走れるものではありません。滑って踏み外す心配がないので力を込めやすいとか、回転数を上げやすいのがメリットです。

しかし、初めてロードバイクに乗るなら、しばらくはフラットペダルを使うのが無難です。多くのメリットが存在するビンディングペダルですが、慣れないうちは怖いものです。入らない（シューズ裏のクリートをペダルにセットできない）のはまだしも、いざ停まるという時に外すことができないと、確実に転倒します。いわゆる「立ちゴケ」です。

自転車に十分慣れ、それこそ１００㎞くらいのロングライドを経験してから、ビンディングペダルに交換しましょう。適切なウエアや軽いギヤ比はロングライドに絶対必要ですが、ビンディングペダルの必要性は、そこまで高いとはいえません。

もちろん、いずれはビンディングペダルに交換しましょう。しばらく着脱の練習をすれば、見えなくても足裏のクリート位置がわかり、簡単にペダルにキャッチさせることができ、外すのも確実です。フラットペダルのほうが、ダンシングなどで踏み外しそうで怖いくらいです。また、ビンディングはペダル自体のサイズが小さいので、輪行や保管の時に場所を取りません。

使い始めてしばらくは、固定力（エントリー・リリーステンション）を弱くして、入れやすく、外しやすい設定にしておきましょう。停止のたびに左の足首をひねって外すので、あまり固定力が強いと、膝に負担がかかってしまいます。

SPDタイプのペダルや対応シューズは、クリートがシューズの底にすっぽりと収まるため、歩きやすいのがメリットです。

ロングライドにはSPDタイプがオススメ

ビンディングペダルにも、ふたつのタイプがあります。ロード用とＭＴＢ用です。ロード用は踏み面が大きく、ペダリング効率がよいといわれていますが、シューズ裏のクリートが大きく飛び出しているので、歩行にはまったく適しません。

それに対して、ＭＴＢ用のビンディングペダルは、やや踏み面が小さいものの、クリートがシューズ裏の凹部に入っており、歩くことも考慮されています。

ロードであれば、当然ながらロード用のビンディングペダルを選ぶ人が多いのですが、お店に寄ったり輪行したりと、意外と歩く機会も多いので、ＭＴＢ用のビンディングペダルのほうがストレスが少ないのです。また、思いのほか道が荒れていたりして、自転車を降りて押すかもしれません。そんな時も圧倒的に快適です。

ＭＴＢ用のビンディングペダルは踏み面が小さいので、それを気にする向きもありますが、シューズのソールがある程度硬ければ、「点で踏んでいる」ような違和感は少ないものです。

筆者もペダル選びに迷っていた時期があって、ロード用とＭＴＢ用といった根本的な違いはもちろん、それぞれで数社のペダルを試しましたが、結局は、ＭＴＢ用の代表であるシマノのＳＰＤペダルで所有自転車を統一することになりました。歩きやすいのはもちろん、ペダルに起因するトラブルがなく、クリートの消耗も少ないのが魅力です。ＳＰＤは20年以上使っていますが、トラブルらしいトラブルに遭ったことがありません。

クリートの位置を決める

ビンディングペダルで大切なのが、シューズに取り付けるクリートの位置です。力が入る拇指球（親指の付け根）と小指球（小指の付け根）の中間に合わせるのが基本です。結果として、拇指球よりやや後ろになります。

各社のペダルのクリートには、左右に動かすことができる「遊び」の量が異なるタイプが用意されているモデルもあります。まずは、遊びの量が大きめのタイプを選んだほうが、取り付け位置のセッティングが楽になり、膝への負担が少なくなります。

ペダルにも、サドルと似た「相性」があります。ロード用であればルック、ＭＴＢ用ならシマノのＳＰＤが間違いの少ない選択肢ですが、スピードプレイ社のペダルじゃないと膝が痛くなる、という人も多くいます。これはペダルの性能差というよりも、クリート位置の許容範囲が大きなモデルほど違和感が出にくいので、膝に優しいと感じるのです。一方で、適切な位置にクリートを付けることができれば、遊びが少ないほうが効率のよいペダリングを実現できます。

シューズにはクリート取り付け用の長穴が空いてますが、まずはその中央で仮留めし、安全な場所で乗ってみましょう。そして、クリートを前後左右に少しずつ動かして仮留めすることを繰り返し、自然なペダリングができる位置を見つけてください。

ロングライドの場合、やや後ろ寄りにクリートを付けたほうが疲れにくいといわれますが、好みの違いが大きいので、膝に違和感のないペダリングができる位置を探っていきましょう。クリートは左右のシューズで同じ位置（対称）が基本ですが、左右で脚の長さや関節の可動域が異なることは珍しくないので、完全に揃える必要はありません。長いほうの脚のクリートを後ろ寄りに付ければ、左右のペダリングを整えることができる場合もあります。

ギヤは軽くなればなるほどいい？

平坦な地形から勾配のある峠まで走りきることができるのは、変速ギヤのおかげです。ギヤ比が軽くなるほど登りでは助けられ、疲労を抑えてくれます。

自転車は、前のギヤが大きく、後ろのギヤが小さいことで、車輪の回転数を上げています。現代的なロードバイクであれば、前（チェーンリング）は2枚、後ろ（スプロケットギヤ）は8～11枚のギヤを備えています。この前後の組み合わせを走行中に選ぶのが変速システムです。漕ぎの軽さ・重さを変える仕組みです。ギヤの大小は、歯数（T）で表します。

登りや発進時は、ペダリングの負荷を減らすために前後の歯数差を減らし（前を小さく、後ろを大きく）、平坦や下りではペダリングが追いつくように前後の歯数差を大きくします（前を大きく、後ろを小さく）。

こうしたギヤ比の変更は、必ずしも速く走るためではなく、なるべく一定の負荷でペダリングするためにあります。なお、変速システムを採用しないピストやシングルスピードと呼ばれる自転車もありますが、発進時や勾配の変化が疲労に直結するため、ロングライドには向いてません。

ロードバイクでは、チェーンリングが50Tと34T、スプロケットが11～28T程度の設定が一般的です。いちばん漕ぎが軽い組み合わせが34×28Tとなります。ある程度の脚力があれば、このギヤ比で勾配10％の険しい坂でも進んでいけるでしょう。

しかし、体力を少しでも温存したいロングライドでは、ギヤは軽くなるほど心強いものです。ロード用のスプロケットでは、シマノなら最大32Tの設定もあるので、こちらに交換しておけば余裕が生まれます。なお、リアディレイラーに適切なロングケージタイプ（GS仕様。歯数差が多いスプロケットに対応）が必要になるので、交換作業はショップスタッフに依頼しましょう。

ワイドレシオとクロスレシオ

最初から歯数差が大きなギヤをセットしておけばいいのに……と思う人も多いでしょう。実際、軽いギヤ比の使用頻度が高いMTBのスプロケットはより大きくなっています（歯数の差が大きい）。「ワイドレシオ」と呼ばれる設定です。

一方、緩やかな勾配の変化に対応するためには、歯数差が小さな「クロスレシオ」のほうが有利です。負荷の変化が少ないので、軽すぎず重すぎないギヤの組み合わせを選びやすいからです。

ワイドレシオの場合、特にロー側で歯数が一気に増えるので、登りで一定のペースを保つのが難しいことがあります。また、軽装のロードバイクで舗装路を走る限り、前後のギヤ比が1対1になるほどの非常に軽いギヤ比の出番はほとんどありません。

最近はリア11段が一般的になりましたから、ワイドレシオなのにクロスレシオ、といえるような、理想的な変速システムに近づいています。リア11段で最大32Tが使えるコンポーネント（2016年3月時点ではシマノのアルテグラと105など）が、ロングライドでは最良の選択肢となり得ます。特に坂が苦手という人にはおすすめです。

すでにMTBでは、スプロケットがさらに多段化して超ワイドレシオになり、フロントの変速を不要にしたコンポーネントが一般的です。近未来的には、ロードバイクもフロント側の変速が不要になるかもしれません。

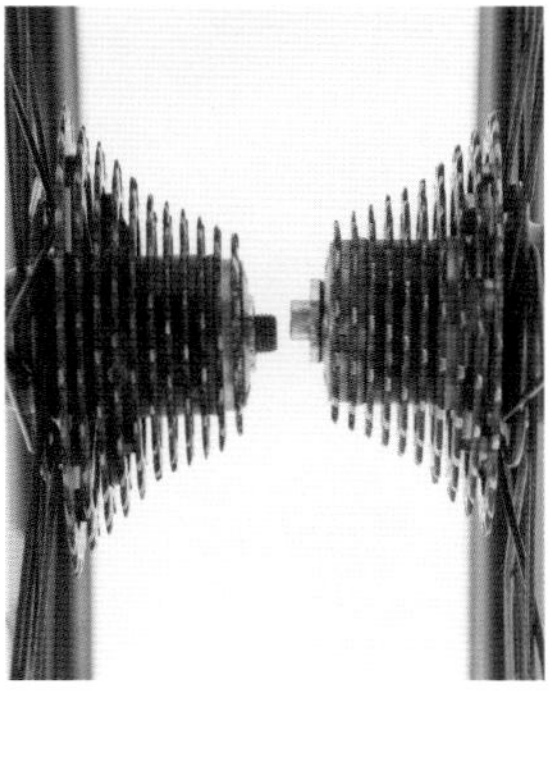

筆者がおもに使っているスプロケットギヤは、12～25T（写真右）と12～28T（左）の二種類。前者のほうがスムーズに変速できる反面、登りが多いコースでは苦労します。わずかな歯数の違いですが、走るとその差を実感します。

GPSが広げる ロングライドの可能性

100kmを超えるようなロングライドを身近にしてくれたのがハンディGPSです。紙の地図はもちろん、従来のサイクルコンピュータの役割も包含する電子機器です。

重くかさばる紙の地図。事前のプランニングには今も役立ちますが、サイクリング中はハンディGPSを活用したほうが効率的です。

走った距離や発揮している平均速度を把握するためには、サイクルコンピュータが必要です。これがないサイクリングは面白みが半減しますし、ロングライドは事実上不可能です。

サイクルコンピュータは、スポークに取り付けたマグネットの回転数をセンサーで拾うことで、速度や走行距離を測るタイプが長年使われてきましたが、近年は

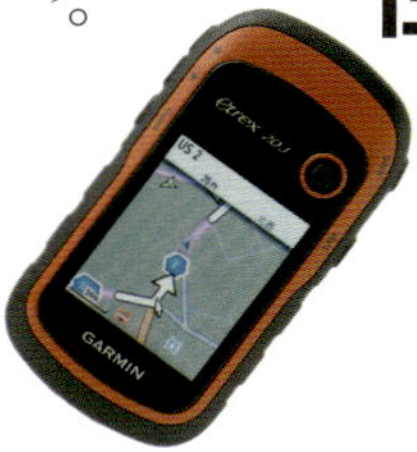

GPSを利用したサイクルコンピュータや、地図を表示できるハンディGPSタイプを利用するのが一般的になってきました。

従来タイプのサイクルコンピュータは数千円で手に入りますが、センサーレスのGPSサイクルコンピュータは安価なものでも1万円を超え、地図が表示できる本格的なGPSは、5万円前後かそれ以上の出費が必要です。

しかし、ロングライドを志向するサイクリストなら、思い切って買ってしまうべきです。ハンディGPSにはそれだけの価値があり、サイクリングにおける可能性を大きく広げてくれます。

電子機器だけに進歩が著しく、定番といえるモデルがどんどん変わっていくハンディGPSですが、

筆者が使っているハンディGPSは、ガーミンのイートレックス30J。乾電池に対応し、駆動時間が長くて出先での交換も容易なタイプ。

現時点（2016年3月）で購入するなら、ガーミンのエッジ1000J（税別83000円）か、イートレックス30xJ（税別69000円）がロングライドには最適です。前者はサイクリングに特化した高機能モデルで、後者はアウトドア用のタフな汎用モデルです。

どちらも自転車が買えるほどの価格ではありますが、ロングライドが身近になったのは、このハンディGPSの存在が大きな理由です。速度や走行距離を知りたいだけなら、GPS対応ではない安価なサイクルコンピュータでも十分です。しかし、地図を表示できるハンディGPSは、従来のサイクルコンピュータの役割を包含しつつ、さらにたくさんのメリットをもたらします。

もはやサイクリスト必携のハンディGPS

現在位置がわかる、というGPSの基本的な機能はもちろん役立ちます。加えて、事前にパソコンなどで作成したコースデータを表示できるというのが最大のメリットです。これは、目的地までのコースを自動生成するクルマ用GPSのナビゲーション機能とは似て非なるもので、「自分が考えたコース」を、地図の上に示す機能が重要なのです。これが可能であり、サイクリングに適した性能（コンパクトさや駆動時間）を兼ね備えているのが、前述のガーミン社の製品です

これによって、紙の地図を携行

する必要がほとんどなくなります。走る距離が長くなるほど、紙の地図は非常にかさ張ります（道路地図は厚く、地形図は枚数が増える）。そして確認のために停車を繰り返すことになり、走行時間が削られていきます。また、紙の地図で正確に現在位置と進路を判断するにはスキルも必要です。これらをすべて解消する魔法のツールが、ハンディGPSなのです。

「ログ」としてサイクリングの様子を記録できるのも、ハンディGPSのメリットです。走ったコースや経過時間、速度の変化を記録し、そのデータをPCで閲覧することができます。機種によっては心拍数や気温の変化まで記録してくれます。

サイクリングには、事前の計画、走行中の判断、走行後の記録が欠かせません。これを簡単かつ正確に一致させてくれるのがハンディGPSです。これがあるからこそ、見知らぬ土地へも安心して走り出すことができます。それが心と時間に余裕を生み、想像を超えるロングライドを可能にするのです。

自転車にかける余分なお金があれば、ぜひハンディGPSに投資

あらかじめパソコンで作成したコースデータを、地図上に表示させた状態。現在位置と進むべき進路が一目瞭然となります。

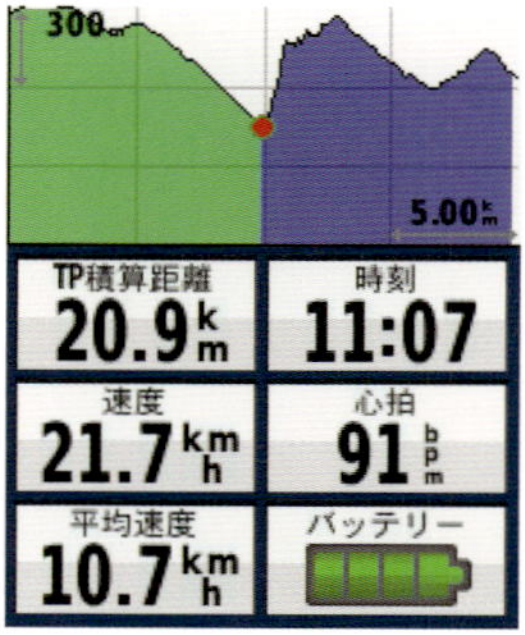

走行距離や速度など、多様な情報を確認できます。コースに応じた標高変化のグラフ表示は、サイクリングでは特に心強い情報です。

人工衛星からのGPS信号は、どんな山奥でも受信できます。土地勘のないエリアでも、積極的にサイクリングを計画し、実行できるのです。

ハンディGPSが記録したログをパソコンに転送し、Web地図ツールで表示させた画面。何時何分に自分がどこにいて、どのような速度で走っていたかなどが克明にわかります。経験したサイクリングを、あいまいな記憶ではなく、具体的な数値で詳細に振り返ることができます。

してください。今クロスバイクに乗っていて、そろそろロードバイクが欲しいなあという人でしたら、自転車はそのままでいいからハンディGPSを使って、とアドバイスしたいくらいです。

　筆者自身も、ハンディGPSを導入してから、100kmを超えるロングライドを積極的に走ることができるようになりました。将来はスマホで代用できるようになるかもしれませんが、駆動時間や耐久性などの面から、いましばらくはガーミンなど専門メーカーのハンディGPSが有利です。

　使ったことがない人は、画面を見て走ることを束縛のように思うかもしれません。しかし、実際は逆で、一度でも実際に使えば、自由の翼を得たと感じるはずです。

輪行《りんこう》のススメ

サイクリストの移動手段として古くから活用されているのが「輪行」です。自転車と一緒に鉄道や飛行機などの交通機関を利用することで、行動範囲は無限に広がります。

サイクリングの可能性を広げるために、ぜひ「輪行」をマスターしておきましょう。自転車は鉄道など公共交通機関に載せることができるのです。そうした移動方法を輪行と呼びます。

全国の鉄道会社は、JRの規則を規範としていますが、その持ち込み荷物（手回り品）規則では、下記のように定められています。

「3辺の最大の和が、250センチメートル以内のもので、その重量が30キログラム以内のものを無料で車内に2個まで持ち込むことができる。ただし、長さ2メートルを超える物品は車内に持ち込むことができない」（中略）「自転車にあつては、解体して専用の袋に収納したもの又は折りたたみ式自転車であつて、折りたたんで専用の袋に収納したもの」

これに即して行うのが輪行です。

なお、ごく一部の私鉄ローカル線（静岡県の大井川鐵道など）は独自の規則を設け、自転車持ち込みに料金が必要な場合もあります。小田急電鉄のように、特急では輪行を認めない、など独自の規則を設けた事業者もあるため、JR以外で輪行を予定する際は、念のために各社の営業規則を確認することをおすすめします。

輪行の最大のメリットは、自宅から遠く離れた場所まで素早くアクセスできることです。鉄道や航空機に自転車と一緒に乗り込み、目的地まで移動したら、自転車を組み立てて走り出すのです。交通費はかかりますが、日本全国はもちろん、世界中でサイクリングが可能になります。遠隔地のイベントに参加するためにも、輪行は欠

サイクリストにとって「魔法のじゅうたん」に例えられる移動手段が輪行です。その実践的な収納方法は、次ページで紹介します。

かせない移動手段です。

もうひとつのメリットは、コースプランニングの幅が無限に広がることです。自宅を起点としたり、クルマを利用するサイクリングでは、走り出した場所まで戻るコースしか考えることができません。100kmを走ることができても、最大で50kmの行動範囲にとどまります。大都市に住んでいると、自宅スタートでは交通量が多い道しか走ることができません（自転車道を除けば）。

しかし輪行を活用すれば、片道コースも可能になります。A駅から走り出して、B駅から帰路につくといったプランニングです。自宅から走り出した場合も、100km先まで走り続け、帰りは周辺の駅から鉄道で楽に自宅へ帰ることが可能になります。

また、欲張った距離に挑戦する時も、輪行できる用意があると安心です。走り続けるのが難しくなった時は、行程を切り上げて輪行で帰宅すれば問題ありません。

ロードバイクと輪行は相性がいい

輪行袋に収納するのが面倒、キズが付く、といった声もあります。しかし、適切な手順を覚えれば5分で収納でき、めったにキズも付きません。アルミやカーボンフレームの軽量な自転車や、ディスクブレーキの自転車でも心配はありません。

ロードバイクを楽しむ人が増えたこともあって、近年は輪行する人が非常に増えました。休日の早朝、新幹線や特急列車では多くの輪行袋とサイクリストを見かけます。しかし、他の利用者にとっては、輪行袋は邪魔な荷物でしかありません。

輪行袋を担いで駅やホームを歩く時、そして鉄道車両内で置き場所を決める際は、「迷惑ではないだろうか？」と自省しながら行動しましょう。

実践！輪行サクサク収納術

実際の収納や組み立ては、作業中に自転車が倒れないよう、壁などを利用します。駅利用者の動線を邪魔しない場所を選んでください。

サイクリングの可能性を広げてくれる輪行。
「面倒」「キズが付きそう」といったイメージは
大間違い。ロードバイクは工具要らずで収納でき、
慣れたら所要5分台で準備は可能です。

1

トップチューブとシートチューブ、サドルに保護カバーをセットします。最初にすることで、無用なキズを防ぎます。

2

後輪を外す準備として、後ろのギヤをトップに。前のギヤは必ずアウターに。そうでないと歯先で輪行袋が破れて危険。

3

ブレーキ本体のリリースレバーを開き（上に回す）、車輪を外すためにブレーキアーチを広げておきます。

4

自転車をひっくり返し、ハンドルとサドルで立たせます。ハンドル上のライトやメーター類は外しておきましょう。

5

クイックリリースを開き、反対側のボルトを少し緩めて（メーカー車はフォークの先にツメがあるので）前輪を外します。

6

後輪は、ディレイラーを後ろに引きながら車輪を持ち上げると外しやすいでしょう。自転車が逆さのほうが簡単です。

7

次の工程でエンド金具にセットするため、後輪からクイックリリースシャフトを外しておきます。

8

エンド保護金具を組み立て、そのパイプに通したクイックリリースシャフトをチェーンの間にくぐらせます。

9

エンド保護金具をセットした状態。シャフトにチェーンをくぐらせて引っ張っているので、フレームに接触しません。

10

サドル後端とエンド金具で自転車を立たせます。ハンドルは、ギヤ類がない左側に切っておくとバランスがよいです。

11

フレームの左右に車輪を立てかけます。筆者は前輪を左側（収納時の体側）、後輪を右側（収納時の外側）に置いています。

12

前輪はレバーを内側、後輪はギヤを外側に。収まり具合はフレームサイズや形状で変わるので、自分の自転車で検討して。

13

左右の車輪上部とダウンチューブを、付属のラダーベルトで共締めします。ドリンクボトルの中身は捨てておくと安心。

14

三本のラダーベルトを均等に配置し、両輪を締めます。この際、タイヤがチェーンリングに当たっていると安定します。

15

収納準備が完了してから、輪行袋を開きます。写真のSL-100などは、サドルとエンド金具を置く位置が示してあります。

16

自転車を輪行袋の上に置き、生地をたくしあげるようにして入れていきます。まずはクランクが隠れるくらいまで。

17

半ばまで袋に入れた段階で、ショルダーベルトをセット。ベルト付属のD環止めを利用して、一方をBB周りにセット。

18

ベルトを袋の穴に通して外に出し、もう一方をヘッドチューブにセット。肩が通る範囲で短くするのが、担ぎやすいコツ。

ディスクロードも輪行は問題なし

油圧式のディスクロードで輪行する場合は、ふたつ注意点があります。ひとつは、ブレーキパッドが不用意に締まらないようにスペーサーを挟むこと。もうひとつは、一般のロードとは異なるエンド幅（135㎜）に対応するスペーサーを用意することです。

車輪を外したら、ブレーキパッドにスペーサー（シマノ製で100円ほど）を挟んでおきます。締まってしまうと簡単には開きません。

オーストリッチ製エンド金具のシャフトは、一般のロード用に130㎜長なので、プラス5㎜の付属スペーサーを挟みます。

ディスクローターは、外側に向けると収まりがよいです。接触が心配ならカバーも有効ですが、歩く時に気をつければ問題ありません。

19

収納袋をフォークの先に被せておきましょう。縦型の輪行袋は空きスペースがあるので、ヘルメットなども収まります。

20

袋を閉じて収納完了です。ショルダーベルトを短くセットすることで体に密着し、歩きやすく担ぐことができます。

いかがでしょうか？思いのほか簡単ではないでしょうか。輪行袋は、自転車を入れる向きによって「縦型」と「横型」がありますが、収納のしやすさと列車内での省スペース性の両面で、縦型が優れています。走行時の携帯性（コンパクトさ）を考えると、ホイールバッグやジッパーを用いた製品もおすすめできません。オーストリッチのL－100もしくはその軽量版であるSL－100（筆者も愛用）の使用を強くおすすめします。

プランニングの醍醐味

Part 3

100㎞の距離感を知る

走った距離とは、走った時間の結果です。100㎞を何時間で走ることができるか？距離を時間に置き換えるのが、プランニングの第一歩です。

まずは100㎞走りたい。そう思ってスポーツ自転車を買った人も多いでしょう。ベテランのサイクリストでも、今日は100㎞走るぞ！という時は、なんとなく身が引き締まるでしょう。少なくとも、なんの準備もなく、着の身着のままで走り出せる距離ではありません。

ではなぜ100㎞に「特別感」があるかというと、実際のところ

日常とは違う景色に出会う……いわば「旅」を味わうことができるのが、距離100kmを超えるサイクリングの醍醐味です。

は、数字のキリがよいだけ……なのかもしれません。わかりやすく、人にも伝えやすい数値ですから、達成感を味わいやすい距離です。

200㎞とか300㎞になると、日中に完結させるのは難しい距離です。もちろん、夜も走れば可能なのですが、まずは日中だけでサイクリングを完結させたいものです。すると、100㎞という距離がちょうどよく、多くの人が現実的な目標として実現しやすい距離といえます。

「100」に意味を見いだすのは、外国も同じです。アメリカとイギリスでは、距離の単位にマイル（1マイルは約1・6㎞）が使われるので、100マイルを走るセンチュリーランと呼ばれるイベントがたくさんあります。160㎞

ですから、結構なロングライドです。そのため、ハーフセンチュリーなどといって、距離を半分にすることもあります。結局、１００km前後の距離が、最初の目標として適当なのだと思います。

数字としてキリがよい１００kmですが、実際はどんなボリュームなのでしょうか。輪行しない限り、１００kmの走行距離すべてを「遠くへ行く」ことに使えるわけではありませんが、ご近所サイクリングとは次元の違う、旅に近い感覚を味わうことができるのが、１００kmという距離のスケール感です。

距離とは時間である

１００kmという距離を捉えるためには、距離を時間に置き換えたほうが、現実的なプランニングが可能になります。時間はどんどん過ぎていきます。自転車に乗っていれば、風景が変わり、訪れたことがない街をとおり過ぎ、時間の経過に応じて現在位置が、変わっていきます。この躍動感がサイクリングの心地よさです。

こうした時間の流れを読み、コースに応じて自分が発揮できる平均速度を予想し、それに収まるように停止時間を調整します。これがサイクリングにおけるプランニングです。

そして、速い人よりも、私たちのような「普通のサイクリスト」こそ、サイクリングでは時間のマネージメントが大切になります。

実力がある人は１００kmを4時間くらいで走ってしまいますが、多くの人はその1・5倍から2倍以上の時間をかけて、１００km走ることになります。短期決戦と持久戦のような違いです。ゆっくり走る人ほど、長くなる走行時間を快適に過ごすためのノウハウが必要になってくるのです。

トレーニングして速くなっても、１００km以上のようなサイクリングは「ラク」にはなりません。もっとキツいトレーニングになるだけです。そして、「速く走ろうと思うほど遅くなる」というのがロングライドの真理です。

「体力が心配だから走れない」という考えを、まずは捨ててください。１００km走るのに必要なのは、トレーニングや体力よりも、計画と経験なのです。その具体的な内容をこのあと紹介していきます。

走りきれる距離を予測する

時間あたりの移動量、それが速度です。ただし、速度を上げるには厳しい練習が必要です。停まる時間を減らすことで走行距離を伸ばすのが得策です。

まずは1時間、連続して走ってみましょう。意識しないでも、そのくらいの時間、走り続けた経験がある人は多いでしょう。

その時に何kmの距離を走ることができたか覚えていれば、それが未知なる距離を走るロングライドの指標になります。コースの勾配や信号の多さ、風向きなども覚えていれば完璧です。

ただ、そこまで覚えている人はまれでしょうから、次に走る機会がある時に、それらを意識して走り、覚えておきましょう。

もちろん、全力疾走を1時間続けるのは不可能ですから、のんびりとしたペースで走りましょう。信号でいくら停まっても構いません。そして1時間後、あなたは何km移動しているでしょうか。10km先でしょうか、15km先でしょうか。20kmだったら、相当の健脚か、コースや風向きに恵まれたのかもしれません。

もし10km先まで走った人なら、極端に坂ばかりのコースを選ばない限り、10時間走れば、走行距離は１００kmに達するでしょう。途中でまとまった休憩を取るなら、もう少し時間に余裕が必要かもしれません。

最初から距離ありきで考えるのではなく、走る時間を目安にしましょう。その時間に応じて、走行距離は比例して伸びていきます。

たとえば、朝7時から10時間走ると考えます。陽が長い季節なら、明るい時間帯に１００kmを走り終えることができるでしょう。

次に、その平均時速10kmを、10時間維持できるかどうかを考えます。ロードバイクに乗れば、簡単に時速25㎞以上を発揮できますから、平均時速10㎞なんて余裕と思うかもしれません。

実際、難しくはないのですが、途中でまとまった休憩を挟んでしまうと、途端に怪しくなります。食事を取ろうと思って入った店で待たされたりすると、簡単に一時間くらいは経ってしまいます。この一時間を、走行速度を上げて取り戻すのは不可能です。

短時間、ペースを上げることができても、結局は疲れてしまい、後半でガクンとペースが落ちるのは間違いありません。速く走ろうと思えば思うほど、所要時間は延びてしまうのです。

走る時間を長くし、停まる時間を短く。そのためのコース作りや装備を考える作業が、サイクリングのプランニングです。

本当の速さとは、停止時間の短さ

走行距離を伸ばすのは、速さではなく、いかに停止時間を短くするかであり、なるべく停まらないことです。これに尽きます。そのための工夫が、自転車の装備であり、あなたのウエアや持ち物であり、コース設計などのプランニングに求められるのです。

こうした工夫は、少々の投資と知識だけで、短時間に実現できます。速度を上げて維持するためには、継続的な練習しかありませんから、多くの人には難しいものです。レースで結果を出したい人は練習が不可欠ですが、趣味のサイクリングで走る距離を伸ばしたいという人は、練習と構えて頻繁に走ることは不要です。週に一回、数時間のサイクリングを楽しみ、そして月に一回7～8時間のロングライドを体験するだけでも、必要な体力は維持できます。

サイクリングは、多くの大人にとっては余暇に楽しむ「遊び」です。辛い練習に貴重な時間を費やすよりも、楽しいと思えることがサイクリングでは大切です。それが長続きする秘訣でもあり、自然にある程度の速さも身につくようになります。

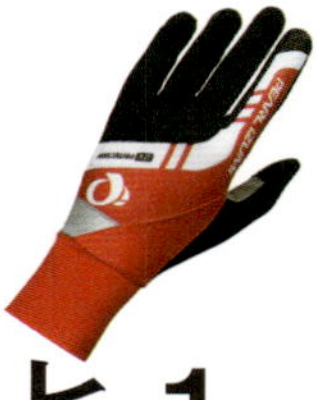

100kmコースのヒントは「季節感」

簡単なようで難しいのが、サイクリングのコース作りです。100kmが楽しめるか、地獄のような体験になるかはコースの内容次第です。走る季節と実力に見合ったコース作りのヒントを紹介します。

どこを走ればいいのかわからない、という人も多いでしょう。あるいは、いつも同じようなコースばかりでつまらない、という人もいると思います。いずれにしろ、目的やコースをあらかじめ決めておかないと、100kmといった距離を走ることはできません。

　自分でコースを考えるのがサイクリングの醍醐味ですが、慣れないとこれほど難しいことはありません。ショップなどの走行会に参加しても、たいていはコースが決まっているので、何回か走ると飽きてしまいます。真剣な練習であれば、同じコースだろうと室内のローラー台だろうと、ガタガタいわずに頑張るしかないのですが、長い距離を楽しく走るには、変化があって自分の実力に見合ったコース設定が欠かせません。

　ところが、住んでいる地域がそれぞれ異なるので、一概に「国道○○がいい」とか「○○峠をつないで」といったアドバイスが難しいのがコース作りです。たとえば、「初100kmなら、しまなみ海道を軸にするといいよ」といわれても、近郊に住んでいる人でなければ、おいそれと気軽に走るわけに

しまなみ海道は人気ですが、東京に住む筆者からは遠いのがネック。住んでいる地域と季節に合ったコースを考える必要があります。

はいきません。
基本的には、クルマと信号が少ない道が走りやすいのですが、さらに「季節感」を考慮しましょう。単純にいえば、寒い冬場は暖かい平地エリアを走り、夏は逆に、標高があるエリアでコースを考えます。これは、全国的に通用するコース選びのノウハウとなります。

走る場所を季節で選ぶ

関東の例になりますが、鎌倉と小田原の間に広がる湘南エリアは、平地が続き、南が海に面しているので、陽当たりが良好です。こうしたところをサイクリングするのは冬がベストで、夏場は海水浴客で混むこともあり、避けたいエリアです。同様の理由で、房総半島や伊豆半島も冬がおすすめです。お魚が美味しい季節ですしね。

ただし、冬は日照時間が短く、朝夕は冷えますので、快適に走行できる時間が限られます。よって、欲張った距離を走るには向かない季節です。もちろん、降雪が多い北国は、冬は物理的に走ることができません（少なくともロードバイクでは）。こうした理由からも、平坦を基調としたコースを選ぶべきです。

一方の夏は、標高がある信州や緯度が高い東北、北海道がおすすめです。特に標高が上がると顕著に気温が下がるので（標高100m上ると、0・6度下がるといわれます）、夏場は積極的に峠をコースに組み込むことができます。

海岸は標高が低いので、走るなら寒い冬も適しています。平坦なコースを組みやすい点も魅力ですが、風向きとの兼ね合いをお忘れなく。

土地勘を身につけるために

ある程度は土地勘が働くエリアでないと、自分でコースを考えるのは難しいものです。自宅を起点にすれば、必然的にそうなるので問題はないのですが、いずれは輪行を駆使して遠隔地から走り出したり、一日に100km以上を走れるようになれば、自然と見知らぬ土地に入ることになります。

そんな時に参考にできるのが、全国各地で開催されている、サイクリングイベントのコース設定です。もちろん、イベントそのものに参加してもいいのですが（そのための開催ですし）、公開されているコース図などは、自分でコースを考えるうえでも貴重なデータとなります。

まず、イベントが開催されるということは、その時期にその土地を走っても、積雪や寒さに苦しめられる可能性が低い、と推測できます。コース自体もクルマが少なく、景色がよい可能性が高いでしょう。もし、走ってみたい地域が決まっているなら、付近で開催されるサイクリングイベントを探してみるのが得策です。ロングライドに適した「季節感」を知るヒントになるはずです。

ブルベでは最短でも200kmの距離を走ります。参加者それぞれが装備に工夫を凝らしており、そうした自転車を見るのは参考になります。

全国各地で開催されている長距離サイクリングが「ブルベ」です。決められたコースを制限時間内に走るもので、レースではありません。

みんなの経験を自分の経験にする

イベントのコースは、土地勘と経験がある人が組んでいるので、自分でコースを考える際にもたいへん参考になります。多くの参加

人気が高いサイクリングイベントは、例外なく素晴らしいコースが設定されています。写真は「佐渡ロングライド210」。

者と一緒に走るのは楽しいですし、さまざまな自転車や装備の工夫を間近に見ることができます。

自転車イベントは天候が悪くても開催されるのが普通なので、雨天や強風を体験することもありますが、それはそれで勉強になるものです。自分ひとりでプランニングするロングライドでは、コースも実施時期も好きなように決めることができます。それがサイクリングの本質的な楽しみですが、日時や制限時間に束縛のあるイベントのほうが、条件が厳しいともいえます。

近年は「ブルベ」という200〜600㎞を走る（まれに1000㎞以上も）イベントが全国各地で頻繁に開催されているので、そのコース設定も参考になります。オダックス・ジャパンのホームページ（http://www.audax-japan.org）や、そこからリンクする各クラブのホームページで確認できます。

ちなみに、沖縄で開催されるサイクリングイベントは、一般の観光がオフシーズンになる冬場に開催されるものが多いのですが、冬の沖縄は曇天の日が多く風も強いので、必ずしもサイクリング向けの季節とはいえません。

なお、レースなどで特別に公道を閉鎖して開催されるイベントは、あまりロングライドの参考にはならないコースの場合もあります。あなたが走る当日に、快適に走ることができる保証はありませんし、標高差が多い厳しいコースかもしれません。

「いい道」の見つけ方

どんなに脚力がある人でも、信号が多くて登りばかりの道では、100kmも走ることはおぼつかないはず。停まったり速度を下げる要素が少ない道はどこにあるでしょう?

100kmという目標をクリアするためには、まずは「いい道」を探し出しましょう。人によっては、峠ばかりの険しいコースが「いい道」かもしれませんが、ここでは長距離を効率よく走ることができる道を考えてみます。

　平均速度を下げる最大の要因は、停止です。すなわち、赤信号がロングライド最大の敵です。信号が少ない道が「いい道」なのは間違いありません。信号の有無は地図を見ればわかるので、並走する道のどちらかを選ぶ時などは、まずは信号の多寡を比べるとよいでしょう。

　信号の次に平均速度を下げるのが、坂です。日本は起伏が多いので、100kmという距離を走ると、1000mほどの獲得標高があるのが普通です。この「獲得標高」は登りの累積値です。平地ばかりを走ってるつもりでも、小さなアップダウンの積み重ねによって、あっという間に獲得標高が増えてきます。この獲得標高の量は、後述する「ルートラボ」などのWeb地図を使うと簡単に知ることができます。

　登りが多ければ多いほど、距離あたりの所要時間が増えていきま

眺めのよさを取るか、坂が少なく効率よく走ることができる道を選ぶか? 自分の脚力と難易度のバランスが思案のしどころ。

す。登りがあれば下りも現れるのですが、登りで費やした時間を、下りですべて取り戻すことはできません。速度を出すには技術が必要ですし、危険も増えます。また、速度が上がると空気抵抗が急速に増えるので（時速30㎞を超えると、出力の7割以上は空気抵抗で消えます）、下りで時間を短縮するのは難しいのです。そのため、速度が出ない登りで頑張ったほうが、空気抵抗の影響が少ないので有利ともいえます。

筆者は登りが好きなのですが、いくつもの峠を含むコースを考える場合は、距離をトレードオフしています。信州や伊豆でコースを組むと、距離100㎞で簡単に獲得標高が2000mを超えます。このあたりを上限と考え、この獲得標高を超えそうな場合は、極力、峠のふもと近くまで輪行して、走行距離を減らし、獲得標高がそれ以上は増えないように配慮しています。

冬場は日暮れが早いので、無理は禁物です。また、状況に応じて行程を切り上げることもできるように、ショートカットコースを検討しておくと安心です。

山間に分け入るような道でも、川沿いの区間は勾配が穏やかなことが多く、速度を保てます。そんな道を長く利用できるコースを考えて。

坂道に時間がかかる大きな理由は、疲労によって停止してしまうこと。どんなに遅くなってもいいので、停まる回数を減らしましょう。

坂が少ない道の見つけ方

楽して距離を稼ぐためには、平地を走るのがいちばんです。しかし、北海道と関東平野を除けば、自転車だとあっという間に走りきってしまう広さ（狭さ）の平地ばかりです。

一見すると山ばかりに見えても、

林道は、たとえ舗装されていても勾配が急で手強いことが多く、サイクリングに不慣れなうちは、林道と名の付く道は避けたほうが無難です。

川沿い、湖畔沿い、旧街道などを狙うと、勾配が少ない道が見つかります。

川沿いの道は、極端な上流部を除けば、かなり高い確率で勾配が緩やかです。さらに、川沿いに鉄道が敷設されていれば、それと並走する道は走りやすいでしょう。

坂に弱い鉄道は、基本的に3%以上の勾配がないようにレールを敷いているので、地形が穏やかな目安となります。自転車にとって3%の坂はさほど険しくありません。もっとも、静岡県の大井川鐵道井川線や箱根鉄道は最大勾配が9%に達するので、鉄道にも例外はあります。

古くからある旧街道は、徒歩の旅行者を考慮しているため、あまり無茶な急勾配が少ない印象があります。地図に「○○街道」と名のある道は、自転車に優しい可能性があります。ただ、新しい道のほうにトンネルがあったりすると、そちらが楽だったりもします。もちろん、走って楽しいのは、風情がある旧街道なのは間違いありません。

注意すべきエリアと道

眺めのよさで、海沿いの道が好まれる傾向もありますが、川沿いと違ってアップダウンが多い場合もあり、一概に走りやすいとはいえません。

意外と辛いのが農道や林道です。近年は観光利用を考慮した広域農道や舗装された林道も増えてます。だいたいは交通量が少ないので、サイクリングには狙い目でもあるのですが、新しい農道・林道ほど直線的で勾配が急な造りになっている傾向があります。くねくね曲がった旧来の道筋のほうが、勾配が緩やかなので、自転車には走りやすいのです。

自転車道を走るべきか？

判断が難しいのが、自転車道です。大きな川の築堤や海沿いに設けられる例が多いですね。

自転車道は基本的にクルマが入ってきません。信号もほとんどありません。これらがメリットです。とはいえ、自転車道でも歩行者が優先ですので、むやみに速度を上げてはいけません。

実はデメリットが意外とたくさんあるのも自転車道です。景色が単調な道が多いこと、道沿いに店舗がないので補給が難しいこと、地形的に吹きさらしで風の影響を受けやすいこと、路面が荒れやすい（一般道ほど整備されていない）などです。

もちろん例外はあって、鉄道の廃線跡を利用した自転車道は、景色に変化があり、街にも近いことが多く、走っていて飽きないものです。廃線跡の自転車道は、全国にたくさんあります。国土交通省のホームページで「自転車利用環境の整備」(http://www.mlit.go.jp/road/road/bicycle/)を閲覧すれば、代表的な自転車道を知ることができます。目的地へのアプローチとして、走行距離が無駄にならない自転車道があれば、積極的にコースに組み込んでもいいでしょう。

なるべくなら筆者は未体験の道を走ってみたいですし、訪れたことがない峠や街道を走りたいと思っています。サイクリングをツーリング、すなわち「旅」として楽しむことが、走行距離を伸ばすモチベーションになるのです。

おすすめなのが鉄道の廃線跡を利用した自転車道。適度に街に近く、勾配も絶対に緩やかです。写真は茨城県の「つくばりんりんロード」。

天候を味方につける

休みが自由になるなら、天気予報が出てから晴れの日を狙って走るのが理想的です。しかし、そうもいかないのが社会人の辛さ。直前まで天気予報を確認し、プランニングに反映させせましょう。

サイクリングの予定日を決めたら、誰もが天気予報を確認するでしょう。特に降水確率は気になるところです。

貴重な休日をサイクリングに充てるわけですから、少しくらい降水確率が高くても走りたい、という気持ちもあるでしょう。自転車は基本的にはオールウェザースポーツなので、走れないことはありません。

その場合、上下のレインウエアの用意はもちろん、防水のシューズカバーやグローブも忘れずに。暖かい季節は気にならなくても、そうでない季節の雨は急速に体温を奪って体力が低下します。

雨天を走ると、ブレーキシューが急速に減ります。１００kmの全行程が雨に見舞われ、そのコースにアップダウンや信号ストップが多い場合は、新品のシューでも半分以下に減ってしまうことがあります。効きも格段に悪くなります。この点、ディスクブレーキは有利なのですが、効きが落ちにくいだけで、扱いやすくなるわけではありません。

一概にはいえませんが、降水確率が40%に達するようなら、少なくともロングライドは見送ったほうが無難です。どんなに優秀なレインウエアを着用しても、晴れより快適ということはありませんし、せっかくの景色も楽しめません。

天気予報を信じよう

雨のなかを走る、または走ってしまう大きな理由に「天気予報が外れるかも……」という淡い期待があります。しかし、多くの人が実感していると思いますが、最近の天気予報は非常に正確です。

気象庁の週間天気予報の検証結果によると、平成27年の降水の有無の的中率は、全国平均で3日目が80％、7日目が74％だそうです。よほどの晴れ男・女でない限り、降水予報が出ていれば、そのとおりになる確率が高いといえますね。

降水確率の次は、気温の予報に注目です。最高気温が35℃を超えそうなら、もうサイクリングは見送るべきです。最低気温は判断が難しいところで、ウエアなど装備次第で、かなり低い気温にも対応できます。積雪など別の情報と照らし合わせて、サイクリング実施の可否を判断しましょう。

装備に大きく影響するのが、気温差です。サイクリングの好シーズンと思われる春や秋は、最高気温と最低気温の差が意外と激しいので、暑さだけでなく寒さも十分考慮したウエアリングが必要になり、結果として荷物が増えがちです。もちろん、冬がいちばん着込むウエアが増えるのですが、脱ぐ必要も少ないので、意外と荷物がかさ張らないのです。

走るコースの標高変化でも気温が上下します。ですので、最高気温となる時間帯（15時前後が多い）に標高が高い地点を走っているようなプランニングを考えると、体感する寒暖の差が減るので快適です。

ちなみに、気温の予報誤差は、だいたいプラスマイナス2℃の範囲に入っています。最近の天気予報は本当に正確ですね。

どうしても参加したいイベントでない限り、降水確率が高い日はサイクリングを見送るのが無難。装備次第で走ることはできますが……。

猛暑が予想されるなら、標高があって木陰の多いコースを考えましょう。プランニング次第で、体感温度を下げることができます。

風を読む、利用する

サイクリングは風の影響を大きく受けるスポーツです。地形よりも風向き次第で所要時間は大きく変わります。気象予報を賢く利用して、コース設計に生かしましょう。

サイクリングで味方に付けたいのが、「風」です。敵に回すとこれほど厄介な現象はありません。

今日は調子がいい、どんどん距離が伸びるなと感じる時は、だいたい追い風に恵まれているものです。風速毎秒5ｍといった、木の葉がそよぐ程度の微風でも、追い風ならぐんと楽になり、向かい風だと苦しくなります。

追い風が期待できるなら開けた道へ、向かい風が予想される区間は街中や山間を走るなどして、風向きの影響をプラス方向に変えましょう。

風は見えませんし、自転車は走行風に包まれるので、意外と風向きを見落としがちですが、坂の有無や勾配以上に、サイクリングの快適さを左右します。

坂はいつか必ず終わりますし、貯めた標高を使える下りが待っていますが、向かい風はメリットが皆無です。登りが好きというサイクリストは多いですが、向かい風が好きという人は聞いたことがありません。あまり苦にならない、という人はいますが……。

そこで、気象予報サイトを見る時は、ぜひ風向き予報もチェックしましょう。

風向きに応じてコースを変える

新聞やラジオなど、以前からあ

「ウェザーリポート・プロフェッショナル」(http://www.weather-report.jp/com/professional.html) による風向風速表示。33時間後まで予報してくれるので、コース作りに反映することができます。

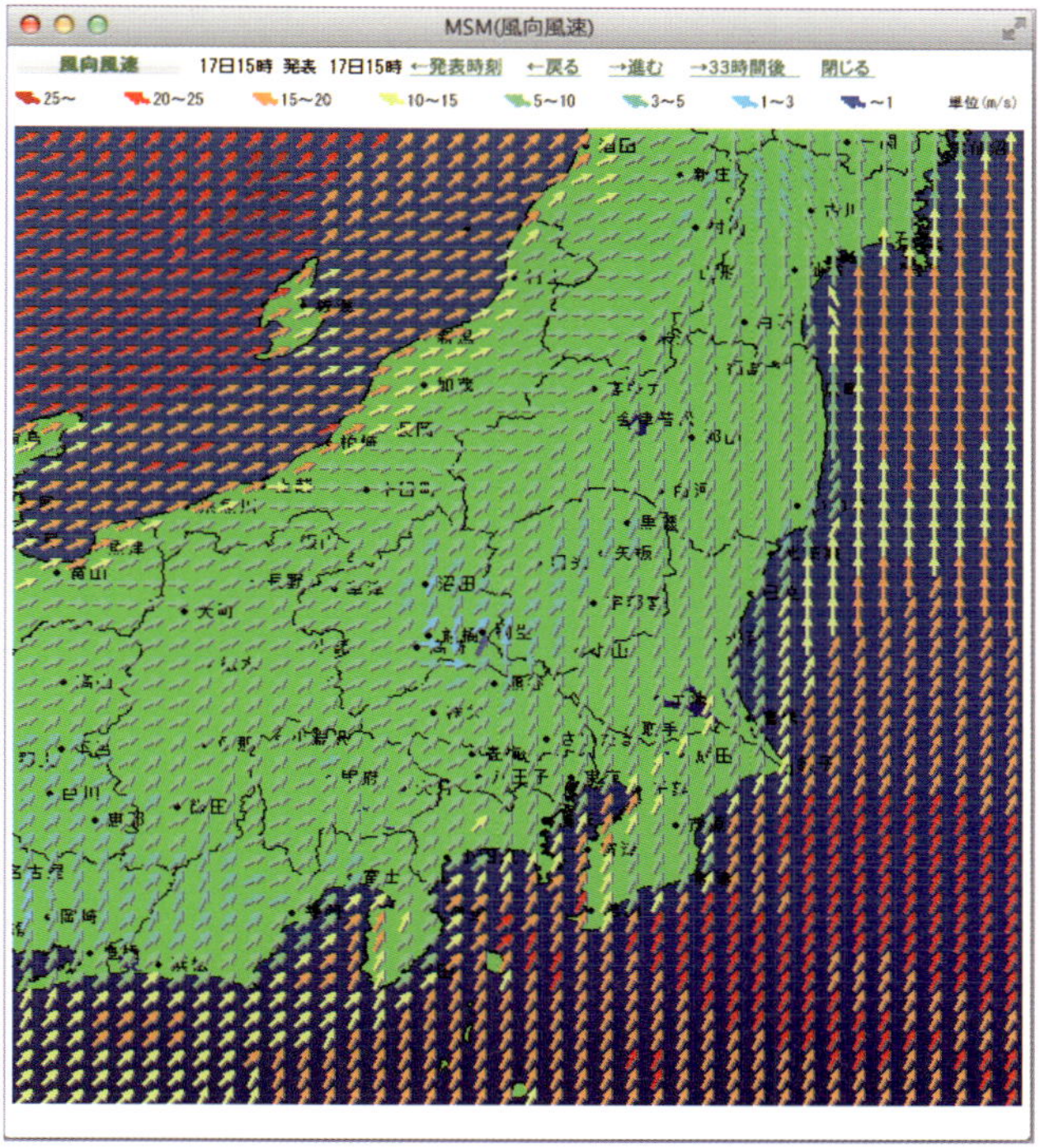

る気象予報では「北東のやや強い風」といった表現なので、天気図を読む知識がないと、地域ごとの風向きは理解しづらいものでした。

しかし最近は、パソコンやスマホで閲覧する気象予報サイト（「Yahoo!天気・災害」や「ウェザーリポート・プロフェッショナル」など）を見ると、地図の上に具体的な矢印が表示され、その向きや色で直感的に地域の風向きと風速を知ることができます。実況はもちろん、33時間後まで予測してくれます。

この貴重な情報を、サイクリングに活用しないのはもったいなさすぎます。30時間先の風向きがわかれば、サイクリング前日にコースを見直すこともできるのです。

いちばん手っ取り早いのは、自

宅から風下へ向けて走り出して輪行で帰宅するか、風上まで輪行で移動してから走り出すことです。つまり、追い風となる片道だけ走るのです。

もちろん、往復や周回コースでも風向き予報は活用できます。単純に同じコースを往復する場合は、往きか帰りのどちらかは向かい風になってしまうことが多いのですが、工夫の余地はあります。

とりあえず、往きが追い風ならしめたもの。予報を見て、帰りの時間には追い風に変化すると読めれば万々歳です。逆に、往きが向かい風になることがわかっていたら、他のコースを考えるのも得策です。無駄に苦労する必要はありません。

周回コースなら、周回方向を変えることで風を利用しやすくなります。もし全域が北風なら、北へ向かう区間を風が和らぐ内陸にコース取りし、風が強い傾向がある川沿いや海沿いを南へ走れば、風速の差し引きで「得」ができるかもしれません。

向かい風を避けようがないシーンも多いのは事実です。そんな時は無理に頑張らないこと。向かい風でペースを上げようとすると、てきめんに疲れるだけで速く走るのは難しいものです。姿勢を低くして少しでも風の抵抗を減らしつつ、転進する場所や風向きの変化を待つしかありません。進路が変わって、狙いどおりに追い風になった時は、飛び上がるほどうれしくなるものです。

体重が軽い人ほど向かい風の影響を受けます。もし仲間と一緒に走っているなら、体格がよい人に引いてもらえば格段に楽です。こうした集団走行は常に空気抵抗を減らす効果がありますが、向かい風の時はいっそう助かります。

見えない風を利用する

風は、基本的に高気圧から低気圧へ吹きます。また、日本は偏西風が吹く中緯度にあるので（沖縄は外れる）、基本的に西風が上空を吹いています。天気が西から崩れ、東へ移動してくるのはそのためです。ですから、飛行機は西から東へ移動するほうが速く、逆は時間がかかります。自転車も同じなのです。ただ、自転車は地表面を進むので、冬の関東に多い北風

谷間から吹き上げる上昇気流に出会うことができれば、登りの苦労は大きく軽減されます。陽射しがある日中の、開けた峠路が狙い目です。

や、昼と夜で風向きが変化する海陸風、山谷風といった、地形的な風向きの影響を大きく受けます。

うれしいのは谷風です。これは山の斜面が温まりやすい晴れた日中に生まれる風です。

日陰となる谷間は相対的に温まりにくいので、空気が重く、気圧が高くなります。すると、斜面に上昇気流が生まれ、山の頂きへと風が吹きます。つまり、登りで追い風の恩恵を受けることができるのです。うまく谷風に出会うと、文字どおり背中を押してもらえます。上昇気流なので、進路が変わっても峠まで追い風が続きやすいのもありがたいところです。「そういえば……」と、思い当たる人もいるのではないでしょうか。

谷風を期待するなら、あまり早い時間や遅い時間に峠へ向かうよりも、十分に陽が高い時間を選んだほうが有利です。気温の面からも、標高が高い場所は陽が高いうちに通過したいので、谷風を利用しやすいといえます。こんなことも頭の片隅に入れておくと、快適なコースプランニングに役立てることができます。

風を自分の意志で吹かせたり止ますことはできません。しかし、単に「風任せ」と諦める必要もなく、風向きに対応したコースを考えることが大切であり、いかに有利な条件を集めるかを考えるのが、プランニングの面白さです。実走して、読みが当たればよし、外れれば次回にその経験を生かすという、ちょっとした頭の体操のようなゲームなのです。

峠と向き合う

サイクリングの行程を立体的にしてくれ、起承転結の要となるのが峠の存在です。どんなに高く長い登りも、そして遅くても、走り続ければ必ず越えることができます。

サイクリストにはふたつの派閥があります。「峠」と聞いただけで、腰が引けるか、ワクワクするか……。あなたはどちらでしょうか。

自分の体力がまだ把握できなかったり、初めて100kmをめざすのであれば、峠を避けたコースを考えましょう。それは峠の場所を意識することでもあり、峠の有無がサイクリングの内容を左右するのは間違いありません。

くねくねと続く道が険しかったほど、登りきった時の達成感は大きくなります。峠から広がる眺望が、サイクリングのご褒美です。

峠の魅力は、たいてい人里離れた場所にあることです。街を抜け、静かな林間の道を走り、峠を越えて、また別の街へ進んでいく。山間部が多い日本では、市町村の境にはたいてい峠があります。峠を越えると、まるで別の世界に入りこむような非日常的な感覚があり、これが旅なんだなと実感します。

たいてい、峠の登りは数km～10kmしか続きません。国道最高標高として名高い渋峠や、車道で最高標高地点を抜ける大弛峠などになると登りが30kmも続きますが、どんなに登るのに苦労しても、時間がかかっても、途中で諦めなければ、必ず峠に着きます。そして達成感もあります。見晴らしがよいところが多いのも峠の魅力です。

登りが長いほど、所要時間は増えていきます。最初からそれを見込んだ計画を立て、無理のないペースを守り続けることが峠越えのコツです。

最近のロードバイクは、インナーローで34×28Tといった、軽いギヤ比をはじめから採用しているモデルが主流です。ディレイラーの交換が必要ですが、リアを32Tまで大きいものに替えることもできます。このくらいのギヤ比があれば、勾配10％くらいまでの舗装路の坂は、多くの人が登ることができるでしょう。

標高差を時間として考えよう

登りの所要時間は、平地や下りよりも、個人の差が広がります。平地では速くても、登りに差しかかると途端に遅くなる人もたくさんいます。逆の人もいます。

ロングライドは時間をマネージメントする遊びですから、必ずしも速い必要はありません。ただ、登りで自分がどのくらい遅くなるのか、どのくらい所要時間が増えるのかを、ロングライドに出かける前にある程度は把握しておきましょう。

まずはひとつ、峠と名の付く地点を走ってみてください。その際、麓の標高と峠との標高差を覚えておきましょう。標高差が５００ｍあり、所要時間が50分だったとすれば、１００ｍ上昇するのに10分かかったことになります。

これを、ロングライドでの所要時間に見込んでおけば、峠を含んだコースでも計画を立てやすくなります。登りを苦手と感じる人が多いのは事実ですが、ゆっくりでも走り続ければ、必ず越えることができ、下りが待っています。

距離
÷
平均速度
＋
登り量に応じた所要時間
＝
全体の所要時間

獲得標高が２０００ｍあるコースなら先のペースで所要２００分。つまり、３時間半近い時間を余計に見込む必要があります。それに加えても余裕がある走行時間を確保するか、走行距離を減らせば問題ないわけです。

実際は、小さなアップダウンが多いので、それらは無視しても構いません。まとまった登り、つまりコース上にある峠と麓の標高差に要する時間だけ上乗せすれば、おおむね現実的な所要時間を見込むことができます。

こうした所要時間は、コースをいくつかに区切って、通過時刻として把握しておくと安心です。「タイムテーブル」です。これを用意しておけば、途中で時間の余裕を確認でき、無理に全行程を走ったら真っ暗になった、といったリスクを避けることができます。

見込みより大幅に遅れていることがわかったら、途中で残りの行程をショートカットできるコースを考えておくのも大切です。

坂道で知る当たり前の事実

登りは体格のありようがモロに効いてきます。体重がある人は筋量も多いので、平地では特に不利ということはありませんし、膝への負担も少ないのが自転車の魅力です。下りでは重さが推進力になるので、有利ともいえます。しかし、登りでは重量がいちばん抵抗を増やします。

　本書の「ラクして快適に」という趣旨からは外れてしまうのですが、もしあなたが平均的な体重を超えているなら、「やせる」という努力が登りでの快適さに直結します。自転車は有酸素運動の典型です。習慣的に乗るようになって、以前よりも摂取カロリーを増やさなければ、自然と平均体重に近づいていくでしょう。

　前向きに捉えれば、体重を減らすだけで、より快適に走れるようになります。つまり、今は太っている人ほど、厳しい練習などをしなくても、登りが見違えるほど速くなる可能性があるのです。

　一方、自転車を軽くしても、効果は限定的です。重量10kgの自転車が7kgになれば、手で持った時の印象はまるで違います。加速などの乗り味もはっきりと軽快になります。しかし、実際の登りでは体重が加算されます。体重が65kgであれば、自転車による差はわずか4％。無視はできない数値ですが……。

　レースであれば、コンマ1秒でも縮まれば価値があるので、軽い自転車はとても有効です。しかし、部品交換などによる軽量化は、あまりにも費用対効果が悪いのです（タイヤは効果的ですが）。サイクリングでは、荷物など装備面で軽量化を図るほうが現実的です。

険しい峠路ほど、軽い自転車を選びたくなりますが、実際の恩恵は限定的。軽いギヤと自分のダイエットが何倍も効果的です。

タイムテーブルを作成し、ハンドル周りに装着しておけば、行程の進捗を確認できます。あまりに遅れた時は、引き返す勇気も必要です。

本当の「平均速度」とは

ロングライドを志向するなら、立ち寄り箇所を減らしたプランニングが求められます。距離を求めない時は、気ままな自由時間が増えます。どちらもサイクリングの醍醐味です。

所要時間の目処を立て、自分が走りきれる走行距離を考えるためには、平均速度を知ることが欠かせません。

多くのサイクルコンピュータは、その初期設定でオートスタート機能がオンになっているため、走行中のスピード変化だけを計測し、平均速度を表示しています。速度が０㎞の時、すなわち停止時間は含まれないのです。

そのため、サイクルコンピューター上では20㎞程度の平均時速が簡単に出てしまいます。これをもとにして、５時間で１００㎞走れるな、という計画を立てると、必ず破綻します。見せかけの平均速度は、コースプランニングでは役に立ちません。

実際の平均速度は、信号や休憩、立ち寄りなどの停止時間、そして勾配区間の距離によって、大幅に下がります。

走行距離を意識せず、気ままに休み、食事や名所などに立ち寄りながらのサイクリング（いわゆるポタリング）だと、たとえロードバイクに乗っていても、平均時速は10㎞くらいまで簡単に落ちてしまいます。道中に峠があれば、平均時速はあっという間に一桁です。

これは脚力の有無に関わりません。どんなに速い人でも、停まっていれば時間は平等に過ぎていきます。そのため、走行速度はゆっくりでも、なるべく停まらない走り方が、ロングライドでは求められます。

つまり、ポタリングとロングライドは両立が難しいのです。コースを含めたプランニングの段階から、観光と距離のどちらに重きをおくのか、はっきり決めておく必要があります。

　これは、装備や食事（補給）にも大きく影響します。ポタリングであれば、一眼レフカメラを持っていってもいいですし、気が向いたところで足を止め、写真を撮るのも楽しいものです。食事はお店に入ってゆっくり食べることができます。

ストイックに走るのがロングライド

　ロングライドを志向するのであれば、持ち物は必要最低限に削る必要があります。スマホやコンパクトなカメラくらいは持っていくべきでしょうが、なるべく使わないようにします。そして、お店に入っての食事はあきらめ、手持ち

停まらないほど走行距離が伸びますが、それだけでは物足りない……。ロングライドでも、一カ所くらいはご褒美スポットを設けましょう。

走行距離を気にせずに、観光メインのサイクリングも時には楽しいもの。どれかひとつのスタイルだけに決める必要はありません。

の機能食やコンビニでの「補給」に徹します。このようにして停止時間を減らさないと、平均時速は上がりません。

　もちろん、いつもいつもセッセと走る必要はありません。今週の休みはポタリング、来週の休みはロングライドといったように、交互にプランニングの狙いを変えると飽きないですし、冬などロングライドを予定しづらい季節も出かけやすくなります。

　一日のサイクリングのなかで、メリハリを利かせるのも大切だと思います。１００kmを超えるロングライドでも、一カ所だけはグルメを楽しむなど、ご褒美を設けるのも素晴らしいことです。それを目標にして、他の時間はセッセと走るのです。

Web地図ツールでシミュレーションする

見知らぬ土地へ脚を伸ばすロングライドも、立ち寄りスポット満載のポタリングも、Web地図ツールで思いのまま。プランニングと実際の走行を一致させることができるのです。

もう10年も前から、サイクリングのコース作りにパソコンが欠かせなくなりました。筆者がおもに利用しているのは、Webの地図サービス「ルートラボ」(http://latlonglab.yahoo.co.jp/route) です。多くのサイクリストが愛用しているツールですが、近年は同等のサービスがさまざま登場しており、なかでも「RIDE with GPS」(http://ridewithgps.com) の使い勝手のよさも注目されています。

こうした地図サービスを利用する大きなメリットはふたつあります。距離と標高変化がグラフや数値として簡単にわかることと、作ったコースデータをハンディGPSで利用できることです。これによって、事前のシミュレーションと現地でのサイクリングを、高い精度で一致させることができるのです。

「ルートラボ」も「RIDE with GPS」も基本的な操作方法や機能は同じです。表示された地図画面を見ながら、スタートからゴールまで、走りたい道の上を点々とクリックしていくことで、望みのコースを描きます。点と点との間は自動的に道に沿うので便利ですが、あまり間隔を空けると、必ずしも自分が走りたい道を選んでくれないので、注意が必要です。必要に応じて、「直線モード」を活用するなどして、あくまで自分が道を選ぶことが大切です。どんなに便利なツールを使っても、目的地や走りたい道は、自分自身が決めるのです。

まだプランが漠然としている時は、やはり紙の地図を眺めるのが

「ルートラボ」の画面。直感的な操作方法と標高グラフ表示機能が支持され、多くのサイクリストに愛用されているWebツールです。

「RIDE with GPS」の画面。ルートに応じて生成されるキューシートが秀逸。操作メニューは英語ですが、日本語のグーグルマップと連携。

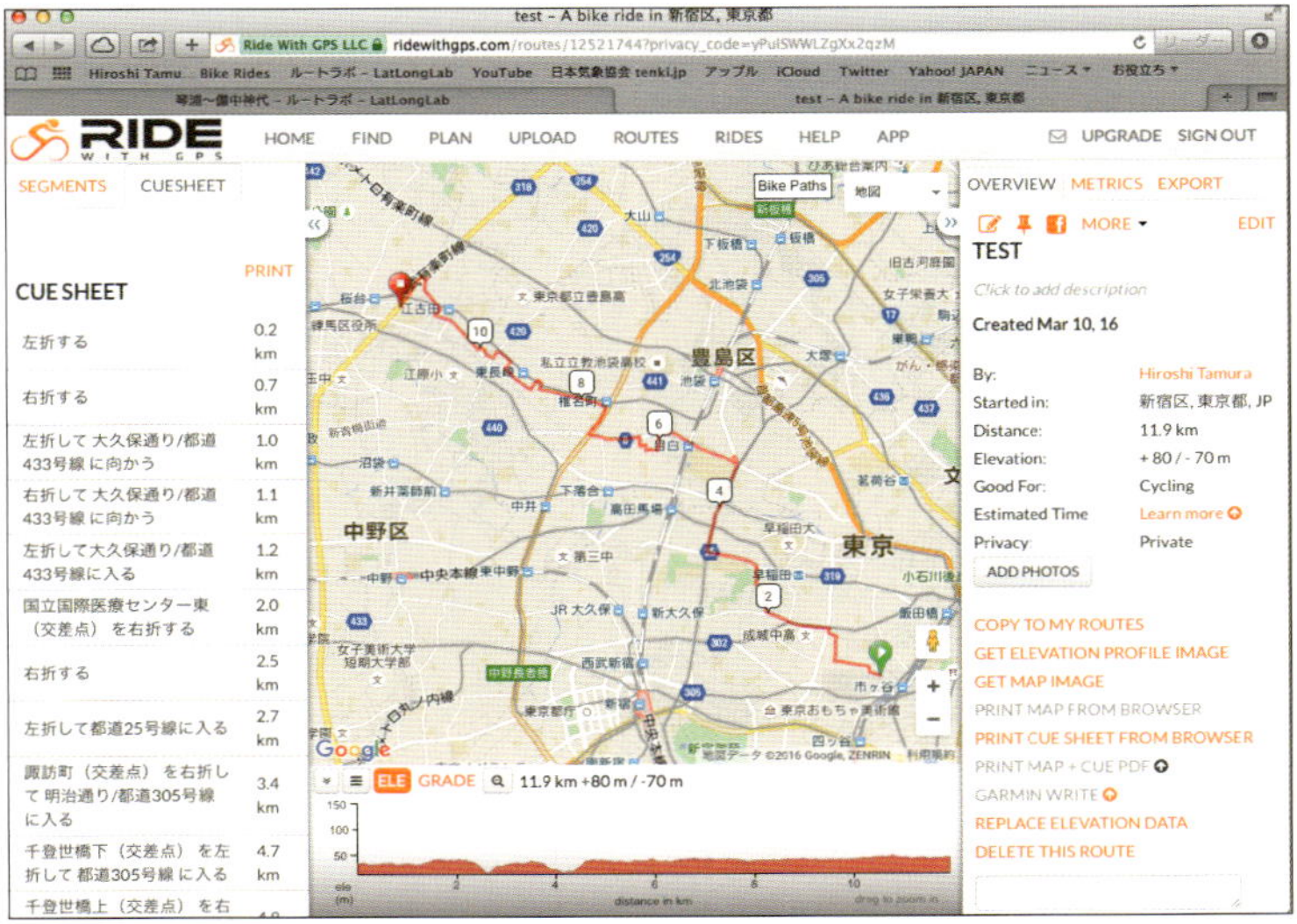

よいでしょう。パソコンなどの画面で広い地域を俯瞰するのは難しいので、『ツーリングマップル』(昭文社)などの道路地図をめくって、地域の見どころや道路網を把握しましょう。越えたい峠や訪ねたい街の位置がおおむね定まってきてから、「ルートラボ」などで詳細なコースを引きます。

従来は国土地理院の地形図を用意するのが大人のサイクリストの証でしたが、現在はこちらもWeb上で閲覧することができます(http://www.gsi.go.jp)。

事前に地図をしっかり見ることはとても重要です。コースを理解せずに、ただ人について走っているだけでは、自分がどこを走っているかわからず、サイクリングの楽しみは半減してしまいます。ペース配分もできません。Webの地図サービスを利用すれば高低差も頭に入るので、最初の峠でがんばりすぎたら後が辛い、後半の登りに備えて体力を温存しておこう、といった判断ができます。今、辛く感じる登りも、「あと何kmで終わる」とわかっていれば、気持ち的にとても楽になるものです。

激坂が現れた! しかし、それがすぐに終わるとわかっていれば登りきれるもの。心理的にも、コースを理解しておくことは重要です。

細道をつないだ複雑なコースも、Web地図ツールなら簡単に作ることができ、ハンディGPSに表示させれば現地で迷いません。

複雑なプランニングも思いのまま

目的地がひとつだけの時は、プランニングは比較的簡単です。経由したい場所がいくつもある時が思案のしどころで、そんな時に「ルートラボ」などでシミュレーションすると、実行時に破綻しにくいリアルなプランニングが可能になります。

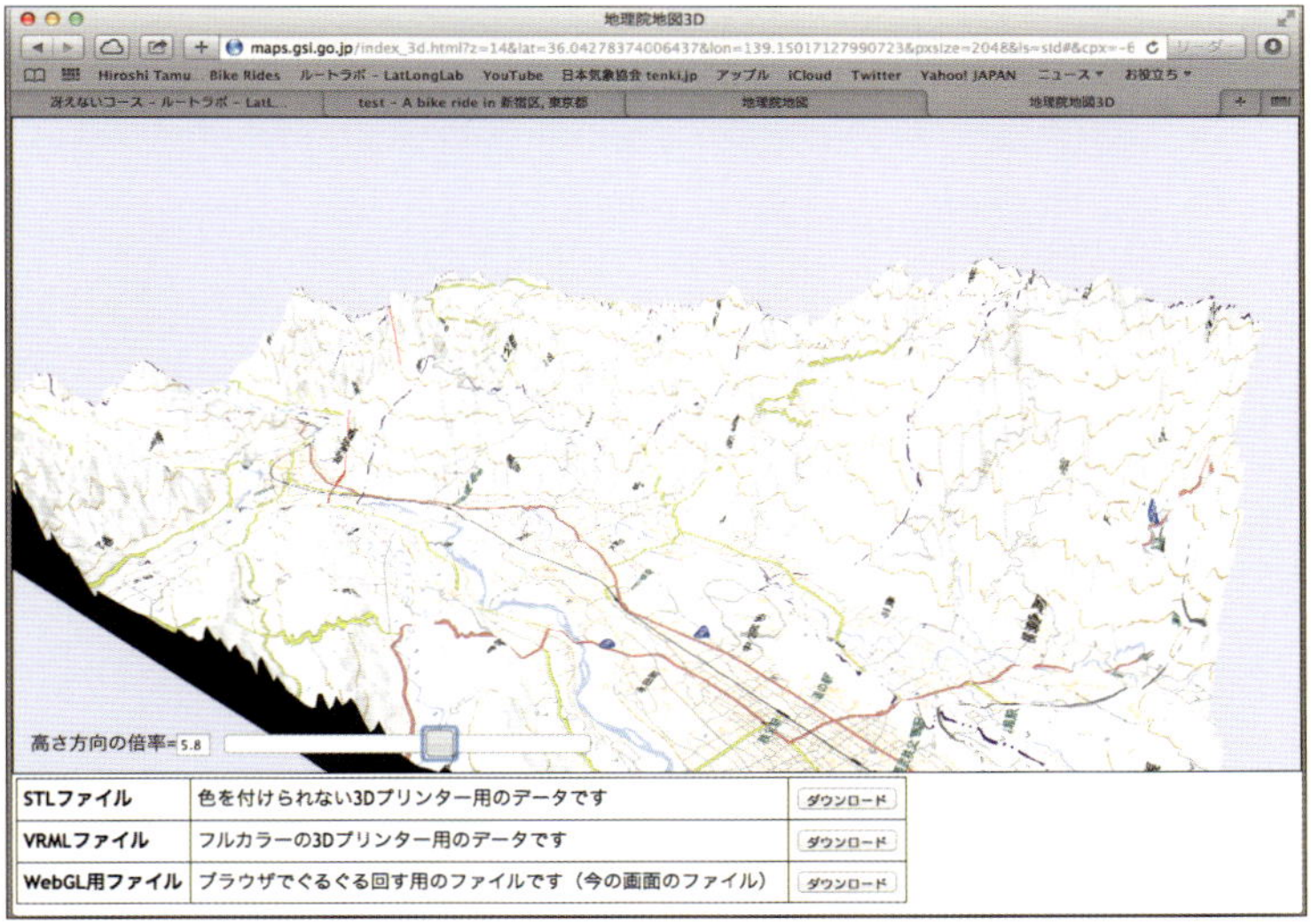

国土地理院の地形図もWebで確認できる時代。3D表示機能を使うと、エリアの地形を直感的に理解することができます。

経由したいポイントが多い複雑なコースほど、Web地図ツールが便利。各ポイントの結び方による距離の違いなどがすぐにわかります。

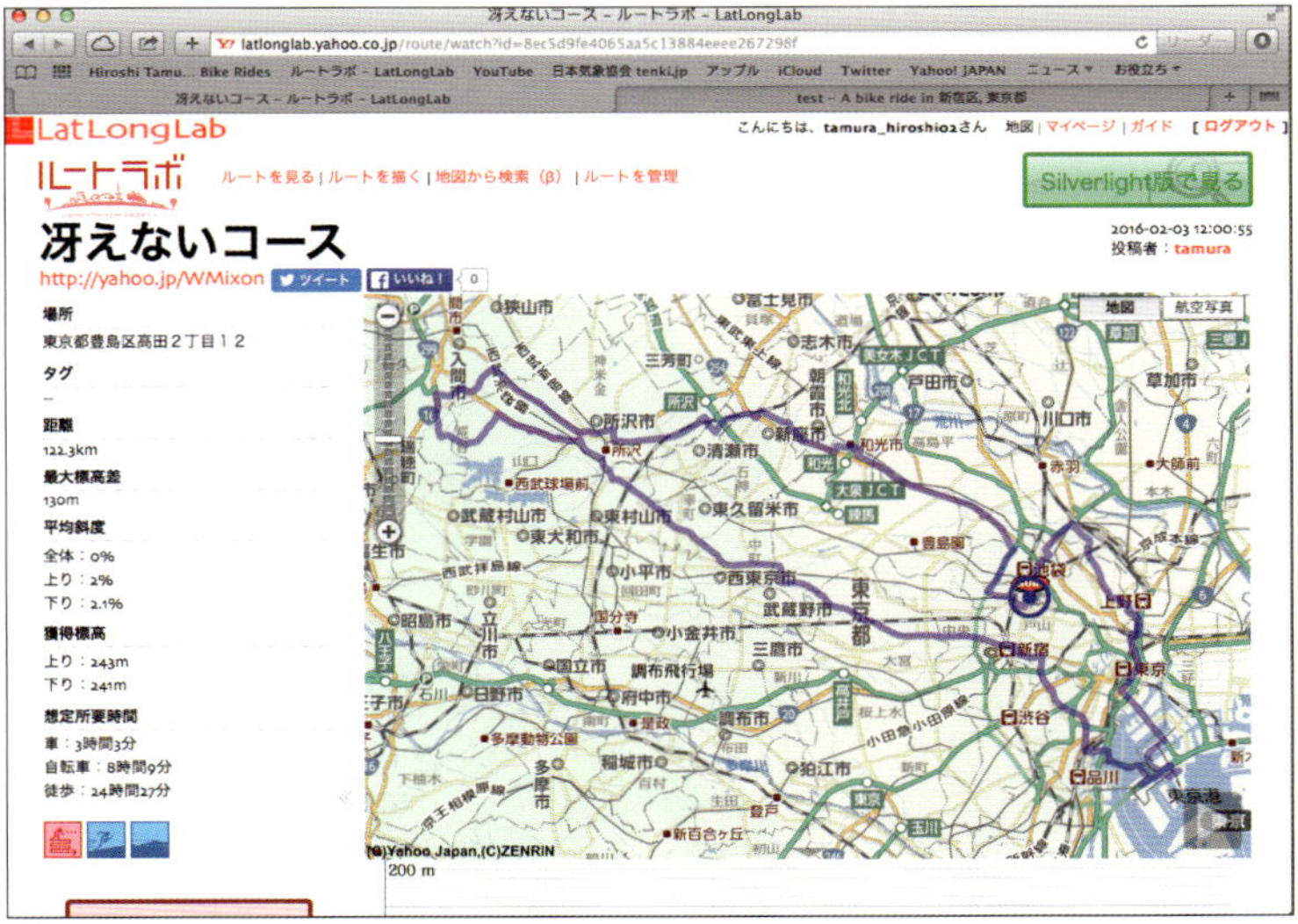

先日、都内近郊に点在する10のスポットを巡るコースを考えました。それらのスポットは、東西およそ50kmの範囲にありました。

どうすれば最短距離の周回コースの上にスポットを並べることができるか、どのような順番で訪れるべきか、周回方向は……など、検討すべき要素が多岐に渡るほど、「ルートラボ」などのWebツールが役立ちます。

スポットのうちいくつかは、開館時間や通過可能時間に制限があったので、走行距離と所要時間に応じた位置取りをすることも求められ、ちょっとしたパズルのようでもありました。

最終的には「ルートラボ」を見ながら図のような周回方向が異なる場合のタイムテーブルを作り、個々のスポットへの到達時間を比較検討、予測したうえで走るコースを決定しました。そして、そのコースデータをハンディGPSに表示させて、実際に走りました。

紙の地図でも、こうした行程を考えることは不可能ではありません。しかし、現地でそのコースをトレースすることが難しいのです。

時計回り			反時計回り		
のぞき坂	0.0km	8:30	のぞき坂	0.0km	7:00
旧古河庭園	6.5km	9:00	高田馬場	2.0km	7:15
秋葉原	12.5km	9:45	和光市駅	18.0km	8:15
国際展示場	24.0km	11:00	アウトレット入間	45.0km	10:15
レインボーブリッジ	30.0km	12:00	コメダ珈琲	67.0km	11:45
新宿通過	40.0km	12:45	新宿通過	82.0km	13:00
コメダ珈琲	55km	13:45	レインボーブリッジ	92.0km	14:00
アウトレット入間	77km	15:30	国際展示場	98.0km	14:30
和光市駅	104km	17:30	秋葉原	109.5km	15:15
高田馬場	120km	18:30	旧古河庭園	115.5km	16:00
のぞき坂	122km	19:00	のぞき坂	122km	16:45

各ポイントまでの距離や到達予測時間は、エクセルなどの表計算ソフトでまとめると理解しやすく、タイムテーブルとしても利用できます。

膨大な地図を携帯し、交差点のたびに開いて地図を読み込むというのでは、効率のよいサイクリングは不可能です。

逆にいえば、コースをデータとして利用でき、現地で参照できるハンディGPSがあるからこそ、凝ったコース作りや効率のよいサイクリングが可能になったともいえます。

こうしたWebツールでは、検討したコースを保存しておくこともできます。いつか走りたいコースとしてストックできますし、仲間と情報を共有したり、季節や風向きに応じてコースを選ぶことも容易になります。まだ見ぬ道への想像力が膨らみ、リアリティのある机上旅行を楽しむことができるのです。

Part

4

サイクリングは時間旅行

走り出す前の準備と心構え

時間の使い方を考えるのが、サイクリングの極意。それは少なくとも前日から始まっています。装備と自身のコンディショニングが快走に結びつきます。

サイクリング当日、出発時間は早ければ早いほうがいいので、前夜は深酒などをしてはいけません。チェーンの洗浄と注油、バッグの装着、空気圧の確認と補充など、すべては前夜までに済ませておきましょう。

寝る前にすべてのウエアや装備を整えておき、朝起きたら、すぐ身につけることができるような支度も大切です。当日の朝になって

幼いころの遠足のように、ウエアなどの装備は前もって整えておきましょう。サイクリング当日は素早く身につけ、走行時間を確保します。

「あれがない、どこいった？」と焦ると、出発が遅れてしまいます。時間をどう使うか？というサイクリングのマネージメントは、走り出す前から始まっているのです。サイクリング中の眠気は危険ですので、とにかくたっぷり寝ておきましょう。

朝起きたら、まずは天気予報を再チェック。外れなくなったといわれる天気予報ですが、それだけに直前まで変更されます。悪天候なら中止の判断も必要です。風向き次第では、コースの往路と復路を入れ替えるなど、走り出す直前まで天気予報を活用しましょう。

事前に用意する？現地調達する？

朝食は、必ずしも自宅で取らな

くても構いません。早朝に用意するのは大変ですし、輪行でスタートするなら、車中で駅弁を食べるのが楽しいものです。自宅から走り出すなら、最初の補給を早めに行い、朝食代わりにすれば効率がよいです。

補給食は、事前に用意しておくものと、走り出してから調達するものがあります。

本格的なロングライドの前には、疲労回復が期待できるアミノ酸などが入ったスポーツサプリメントを用意しておきます。現地では見つけづらいので、あらかじめ専門店で購入しておきます。一般的なアミノ酸系サプリはドラッグストアなどで入手できますが、スポーツ用に特化した高機能なタイプは、ロードバイクに強い自転車ショップなどで探してみましょう。

一方、飲料や単にエネルギーを補給するための食べ物は、走り出してから必要に応じて買います。特に、おにぎりやパンなど、賞味期限が短いものは、コンビニなどで現地調達するのがいちばんです。

こうした補給食は、走り出してすぐ、土地勘があるエリアのうちに買っておけば安心です。しばらく店がないことが予想される区間がある場合は、そこへ入る前にいくつか買っておきましょう。こうした補給食の購入タイミングも重要なプランニングです。

コンディションを見極める

もちろん、物事が理想どおりに進むとは限りません。遅くまで仕事が終わらなかったり、急な誘いで飲んでしまったり、ワクワクして寝付けなかった……などなど、想定外の出来事に左右されることのほうが多いのが現実です。

装備やコースなどを前もって計画しておかないと、ロングライドは楽しむことができません。一方で、当日の朝になって気分が乗らなかったり、体調が優れない時もあるでしょう。

そんな時はロングライドをすっぱり諦めて、もっと気軽なサイクリングに切り替えましょう。ロングライドは義務でもなんでもありません。ただの遊びですので、気が進まないのに実行する必要はありません。心身ともにベストに近い状態が整った時にこそ、ロングライドに挑戦しましょう。

30㎞走ったら進退を決める

計画どおりに走れた時も、そうでなかった時も、無事に帰宅できることが最終的な目標です。行程の三分の一を目安にして、不調なら途中で引き返す選択も必要です。

いよいよ今日は100㎞を走る日。準備は万全、意を決して走り出した……とします。

序盤はとにかくゆるゆると、カラダや自転車の調子を確かめながら進んでいきましょう。当然まだ疲れてませんから、ペースを上げたくなるものですが、決して焦ってはいけません。

10㎞も走れば、冬でもカラダがだいぶ温まるはずです。それでもペースを上げる必要はありません。追い風だったり下り勾配の区間で自然とペースが上がるくらいは問題ありませんが、常に一定の負荷でペダルを回すのが疲れないコツです。

そのために、リアだけで10枚や11枚といった多くのギヤがあるのです。「変速ギヤ」といいますが、これは脚の負荷を抑えるシステムです。抵抗が増える登りでは、自分が苦にならない程度までギヤを軽くします。ペダルを踏む力は一定に保てますが、速度は遅くなりますが、ペダルを踏む力は一定に保てます。自然と速度が出る平坦や下りでは、脚の回転が追いつく程度にギヤを重くします。

ロングライドでは、重いギヤを積極的に使うのではなく、軽いギヤを意識して使いましょう。

常に体の状態を意識し、無理のないペースを保ちます。息が上がるような高い運動強度は、サイクリングでは禁物です。

早めに進退を判断しよう

さて、2時間前後も走れば、きっと30kmほど進んでいるはずです。そろそろ、まとまった休憩と補給が必要なタイミングでもあります。そして、全行程の三分の一という距離は、その日の進退を決めるリミットラインでもあります。

もし、カラダのどこかに違和感があったり、思いのほか疲れを感じているようでしたら、潔く引き返すべきです。無理して走り続けると、症状が悪化するかもしれません。

仮に30kmで引き返すとしても、往復で60km走ることになります。その余力があるうちに、進退を決める勇気と判断力が必要です。今回は100kmを諦めたとしても、走れば走った分だけ、次に生きるノウハウが手に入るものです。走った距離と時間の経験は、決して無駄にはなりません。

輪行袋を持って走り出せば、進退を決めるタイミングの自由度は大幅に上がります。沿道に駅がある限り、自走で引き返す必要がありません。輪行袋を用意しているなら、行けるところまで走ってみるという選択もアリです。

いずれにしろ、無事に帰宅することさえできれば、また再挑戦する機会は作ることができます。あまり意気込まず、無理をしない姿勢が大切です。100kmをめざす前には、50～70kmの距離のサイクリングを10回は経験しておくと安心です。

輪行袋を携帯していれば、沿道の最寄り駅から帰路に着くことができます。そのためには、駅から離れすぎないコース設定も大切です。

時間を決めて補給する

食べなければ、走り続けることはできません。タイミングの目安は、距離ではなく時間。確実に経過する時間を基準にして、空腹や疲労を覚える前に口へ入れましょう。

100kmを走るのに要する時間は、条件や人によってマチマチです。4時間で走りきれる人もいれば、10時間かかる人もいます。いずれにしても、飲まず食わずで過ごすには長すぎる時間なので、休憩と補給が必要です。

ここでぜひ実践してほしいのが、距離ではなく時間を目安にした休憩と補給です。

サイクリング全般に通じる思考として、「あと10km走ったら休もう」とか、「あのお店で休もう」と考えながら走る人が多いと思います。しかし、実はこれが失敗のもとです。距離や目的地を定めての休憩や補給は、いたずらに疲労する原因なのです。

「あと10km」を走る間に、もし坂があれば急速に所要時間が増えますし、疲労します。そして、いったん空腹を感じてしまうと手遅れです。なにかを口にしても、それがエネルギーになるまでは時間がかかるので、突然動けなくなってしまうのです。これをハンガーノックといいます。

こうした窮地に追い込まれないためには、時間を決めて休憩と補給を繰り返すことが大切です。たとえば、1時間半に一回、必ず自

お腹が減ったと感じなくても、1時間半に一回は、少しずつ何かを食べましょう。気づかないうちに、エネルギー切れが忍び寄っています。

人里を離れる区間は、その所要時間に応じた補給食と飲料が必須です。峠越えでは、5時間くらい無人地帯を走ることも珍しくありません。

転車を降りて、休憩と補給をする、と決めます。平坦な道をゆるゆる走っているつもりでも、それが1時間半続けば、1000キロカロリー近いエネルギーを消費していることもあります。気がつかないうちに、エネルギー切れが近づいているのです。

そのためには、1時間半のタイミングが近づいたら、沿道に注意してコンビニなどがあれば早めに寄ります。次のコンビニは現れないかもしれない、と思って、早めに寄ってしまいましょう。もちろん、水分補給はもっと頻繁に。喉が渇いたと感じる前に飲んでください。

走り出した直後は、1時間半くらいではお腹も減ってないし、疲労も感じないかもしれません。そ

コンビニに寄った時は、その場で食べるものと、先の行程に必要と思われる補給食の双方を見込んで購入するのが賢明です。

グルメ処まで我慢……というのも一興ですが、リスクも伴います。仮に寄らなくても耐えられるほどの補給食は携行しましょう。

れでも、自転車を降りて、なにかを飲んだり、おにぎりのひとつでも口に入れるようにしてください。ただし、何十分も停止するとカラダが冷えて固まってしまうので、休憩は10分くらいで切り上げましょう。

コンビニなどが少ない区間が予想されるなら、次の休憩・補給に備えて、ポケットやリュックに入る程度の食べ物を買っておいてください。ドリンクボトルの残量が減っているようなら、補充しておきます。そして、時間が経過したら、コンビニでも公園でも路肩でも、安全な場所で停まって休憩してください。

最初は1時間でも1時間半ごとでも、休憩・補給の間隔が長く感じるはずです。しかし、それを繰り返していけば、体が走り続けることに慣れ、2～3時間に一回の休憩・補給でも走り続けることができるようになります。少しずつ、間隔を長くしていきましょう。その分、停止時間が減るわけですから、長い距離を走ることにつながります。

走り続けることは、食べ続けること

時間は必ず経過します。サイクリング中は多少なりとも気分が高揚するため、軽い空腹や疲労を感じづらくなります。ですから、一定の時間でなかば強制的に休憩と補給を取る必要があるのです。

こう考えると、食事という楽しみに欠けるようですが、走行距離を優先するなら致し方ありません。

イベントではは主催者によるエイドステーションが用意されます。個人のサイクリングでは、そんなフォローはなく、実力が試されるのです。

場数を踏んでくると、100km先の港町へ行って海鮮丼を食べて帰ってくる、といったグルメ志向のロングライドも可能にはなりますが、まずは定期的な休憩とエネルギーの補給を優先してください。

ロングライドの経験がほとんどない人と、100km少々の距離を走ったことがあります。若い人でしたので、序盤はこちらが驚くほど元気でした。しかし、徐々にペースダウン。頻繁にコンビニなどに寄るようにしたのですが、本人はなにも口にしません。食べろと言っても、「大丈夫ですから」の一点張り。空腹を感じてないので、本人は本当に大丈夫だと思っていたのでしょう。

しかし、やはり大丈夫ではありませんでした。もう少しで100kmという地点で力尽きました。ちょっとした登りで息が上がり、停まろうと思ったようですが、パタリと横に倒れてしまったのです。歩道側に倒れたので事なきを得ましたが、エネルギー切れによる急速な疲労で判断力が鈍り、ビンディングペダルを外して足を着く、という操作が瞬時にできなかったのです。

当たり前のことに気づくために

思い返せば、自分にもこれに近い経験が何度もありました。体重65kgの筆者が時速20kmで平坦路を一時間走り続けた場合、おおよそ500キロカロリーを消費します(心拍計による消費カロリー計算)。おにぎり三つ分に相当するカロリーです。体内の脂肪と炭水化物がカロリーに変わるため、消費カロリーのすべてを補給する必要はありませんが、半分は食べ物で補給すべきです。走り続けることは、食べ続けることでもあるのです。

サイクリングは非日常的な行動です。そのため、普段は当たり前のようにできる「飲む」ことや「食べる」ことが、意外とおろそかになり、空腹の気配に気づかないまま、夢中で走ってしまう状態がしばしば起こりえます。

運動していると自然と食欲が湧きそうなものですが、乗車中は胃腸が多少なりとも振動するため、食欲が湧きづらいこともあります。それだけに、自分で設定した時間どおりに補給することは、とても重要なのです。

走りながらチャッカリ休もう

自転車から降りたり、座ったりしなくても、体を休めることは十分に可能です。なによりも、疲れないように己のペースを守ることが大切です。

サイクリングを繰り返しているうちに、どんどん走ることができる距離が伸びていきます。速くなることはなくても、疲れを防ぐノウハウが確実に身についてくるのです。走るのに慣れるほど、走っている時間のほとんどで運動強度が低くなり、体力を温存するのがうまくなるのです。

たとえば、進行方向の信号が赤になりそうなら、もうペダルを回しません。その判断は、車道の上の信号機ではなく、歩行者用を見ています。車道の信号機が青でも歩道の信号機が点滅していたら、もうすぐ車道も黄色になり、赤になるということが少し早くわかります。もちろん、停まる前には漕ぎ出しのためにギヤを軽くしておきます。

信号で停まっている間にもすることがあります。両手を組んで頭の上にかざすだけで、肩の凝りをほぐすストレッチになります。停まっているのでドリンクも落ち着いて飲めますし、ポケットに入れた補給食を頬張ることもできます。

一見無駄な停止時間を利用することで、休憩の時間を取る必要が減り、結果的に走り続ける時間を長くして、無理なく平均速度を上げることができるのです。すなわち、より遠くまで走ることができます。こうして節約した時間を、観光や食事に充てることもできるようになります。

漕ぎ出しや軽い坂道では、ダンシング（立ちこぎ）を多用します。鋭い加速のためではなく、ビンディングペダルに体重をかけるようにして、ゆっくり足を伸ばしてストレッチしているのです。同時に

信号などで生じた停止時間はせっかくなら有効に利用しましょう。簡単なストレッチを実行するだけでも、疲労を減らすことができます。

お尻が体重から開放されるので、長時間座り続けていることによる痛みを防ぐことにもなります。

自分のペースを把握する

ペースのよしあしは、心拍計を使ってみるとわかりやすいでしょう。自分の運動強度が数値としてわかるので、漠然とした記憶よりもあとで生かすことができます。

たとえば、心拍数が１２０を超えないペースを守れば、３時間走っても疲れない、といったように経験を数値で再現できるのです。坂などで１８０まで上がってしまうと、もうこれはもたないから、もっとペースを落とそう、といったように判断します。

こうした判断ができるよう、心拍計を付けた状態でいろんな運動強度を何度か体験しておくことをおすすめします。こうした運動強度は、最大心拍数に対しての％で判断します。最大心拍数は一般的に２０６・９−（０・67×年齢）で推定されます。筆者の場合は１８０前後となります。実際、それ以上に心拍数が上がった記憶はありません。

最大心拍数に対して８割を超える心拍数になる運動強度は、無酸素運動となって長時間の持続は困難です。心拍数が６〜７割にとどまる運動強度なら、有酸素運動なので持続できます。心拍計を付けてサイクリングすることで、これらが実感できるようになります。

もちろん、ロングライド中に高い運動強度を試すと危険なので、広い河川敷やクルマが少ない峠路で試しておきましょう。心拍数は個人差が大きいので、他人の数値は参考になりません。

なお、体力を向上させたい場合は、心拍数１６０以上のキツい運動強度に追い込んで何分走る、といったインターバルトレーニングのために心拍計を利用します。

ペダリングについて

ほとんど無意識にできてしまうペダリングですが、上手な人とそうでない人とでは、効率がまるで違ってきます。力を込める位置と、使う筋肉をうまく選ぶことが、疲れない秘訣です。

もっとも基本的な乗車スキルがペダリングです。左右の足でペダルを踏むだけなので、一見すると簡単ですが、うまい人とそうでない人では、出力と疲労度に大きな差が出ます。

模範的なペダリングには、回転数と力の入れ方にセオリーがあります。ケイデンスと呼ばれる回転数は、1分あたりのクランクの回転数で表します。90回転が理想だとよくいわれます。それが保てるようにギヤを選ぶのですが、実際はかなり早い回転に感じられます。また、負荷が軽い分、回転数を上げてもあまり進みません。

90回転などの目安は、練習にはいいかもしれませんが、ロングライドでは、自分が楽に感じるケイデンスを続けることが大切です。筆者の場合、平坦で70回転くらい、登りでは果てしなく回転数が落ちます。高いケイデンスを重視することはありませんが、軽いギヤを選んでいるのは間違いありません。

ペダリングは回転運動です。その構造上、クランクの位置が時計の3時になる角度がもっとも力が入ります。12時の位置は上死点、6時の位置は下死点といわれ、力を込めても無駄になります。

多くのサイクリストが、ほとんど無意識に3時の位置で最大トルクを発生させ、6時から12時の位置では力を抜いています。だから、特にスキルを意識しないでも進むのですが、ペダルが6時の位置に来ても力を込めているような人を見かけます。それはまったく無駄ですし、膝を痛めることにもなるので、時には自分のペダリングを意識して、力の入り具合を確認してみましょう。

筋肉の使い分けは乗車ポジションで

また、太ももの前側の筋肉（大腿四頭筋群）を使うと疲れやすく、膝にストレスが溜まるので、ハムストリングなど裏側の筋肉（大腿二頭筋）やお尻の筋肉（大臀筋）を使うべきだといわれています。

実際にそのとおりなのですが、普通は自分の筋肉を意識的に使い分けることはなかなかできません。そのため、無意識にそうした裏側の筋肉を使えるような、自転車の乗車ポジションが大切になります。具体的には、サドル位置を後退させるのが有効です。

瞬発力を重視したロードバイクでは、シートチューブの角度が大きく（立っている）、比較的サドルが前に出ます。一方、ツーリング車ではシートチューブの角度がやや小さい（寝ている）フレームが採用されます。このほうが、足の裏側やお尻の筋肉を使うことができるのです。

ロングライドの場合、ロードレースのような瞬発力はあまり必要ではないので、乗車ポジションはツーリング車が参考になります。フレーム角度は変えられませんので（オーダーして作ってもらう場合は別にして）、サドルを後ろ寄りにセットすることで対応するわけです。そのままではハンドルが遠くなってしまうので、必要に応じて短いステムに変え、ハンドル位置も調整します。

もし、自分のペダリングに疑問を感じたら、サドルを数㎜後ろに下げてみましょう。ほとんどコストやスキルを必要とせずに、疲れないペダリングを実現できる可能性があります。

クランクが水平になった時に、最大の推進力が発揮されます。サドルの前後位置を調整することで、おもに使う筋肉を変えることもできます。

ドロップハンドルを使いこなす

上から下まで握る箇所を変えることで、乗車ポジションを選べるのがドロップハンドルの大きな特徴です。意識的に握る場所を変え、ストレスを分散しましょう。

ロードバイクのアイデンティティであるドロップハンドル。握る場所を変えることで、状況に応じた乗車ポジションを選ぶことができる素晴らしいハンドルです。早くも1890年代にはイギリスやフランスの自転車で使われており、今も基本的な形状は変わりません。もちろん、ロングライドに欠かせないハンドルです。

ブラケット、フラット部、ドロップの三カ所を握り分けるのがドロップハンドルの基本です。現在のロードバイクは、ほとんどが手元変速レバーを使っているので、それとの相性がよく、ブレーキや変速操作もしやすいブラケットポジションが定位置といえます。特にロングライドでは、乗車時間の9割以上はブラケットを握っていることが普通です。

フラット部を握ると、上体が起きるので視界が広がり、呼吸も楽になるのがメリットです。反面、ペースを上げた走りには向かないので、休む時のポジションといわれます。ただ、ステムに近い部分を握り、肘を十分に曲げて上体をかがめれば空気抵抗が減るので、向かい風に逆らう時にも有効です。

なお、フラット部はライトやハ

「肩」と呼ばれるカーブ部分を握るのも有効。速さを追求するために作られたドロップハンドルですが、疲労を減らす効果も高いのです。

ンディGPSの取り付けスペースにも利用されますが、それらによって握る箇所が制限されては本末転倒です。なるべくコンパクトなライトを選んだり、アクセサリーホルダーを利用するなどして、握るスペースはしっかり確保しておきましょう。

握り分けてストレスを分散

ドロップ部を握ると、深い前傾姿勢を取ることができ、後方に蹴り出すようなペダリングができるので、加速やスプリントには有利といわれます。また、ハンドルをしっかり保持することができ、ブレーキを強く引くことができます。

しかし、ドロップ部を握ると姿勢が窮屈になるため、ロングライドではあまり出番のないポジションです。下りなどでブレーキングしやすいポジションですが、近年のブレーキならブラケットポジションでも十分な制動力を発揮できます。特にディスクブレーキはわずかな力で制動力を発揮してくれるので、下りでもドロップ部を握る必要はあまりありません。

意外と快適に握ることができるのが、ハンドルの「肩」です。ここに手の平をおき、体重を預けるようにすると、握力を使わずに済みます。前傾姿勢の強さは、ブラケットとフラット部の中間になるので、両者と併せて使い分けることで、上体の緊張をほぐすこともできます。せっかくのドロップハンドルですから、上手に使いこなしたいものです。

フラット部を握ると、ぐっと上体が起きます。視界が広がり、呼吸も楽になるので登り向きですが、速度は上げづらいポジションです。

ドロップ部を握ると、強い前傾姿勢に。空気抵抗が増える速度域や向かい風の時は有効ですが、サイクリングで無理に握る必要はありません。

コンビニがロングライドの救世主

ここまでもコンビニ頼みのサイクリングを紹介してきましたが、実際のところ、ロードバイクでロングライドが可能になったのはコンビニの存在があればこそ。賢く利用しましょう。

全国どこでも、主要な国道や県道でコンビニを見かけないことはありません。早朝や深夜でも営業しているコンビニの存在が、ロードバイクに代表される軽装でのツーリングやロングライドを可能にしたともいえます。

サイクリングはとにかく長時間続くスポーツです。そのため、食べ物と飲み物の補給が欠かせません。しかし、いちばん重くてかさ張る荷物です。それらをコンビニで速やかに現地調達できるようになったおかげで、バッグの装備が前提ではないロードバイクでもロングライドが可能になったのです。

コンビニにはさまざまな食材がありますが、立ったままや乗車中も食べることができるおにぎりやパンが補給食としては最適です。羊羹やプリンといった糖分を簡単に摂ることができる食品もおすすめです。

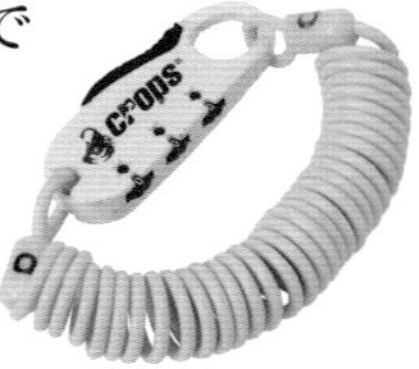

冬場はカップ麺ほど美味しいものはないと思います。わずかな時間で食べることができ、カロリーだけでなく塩分や水分も補給できる理想的な食品です。ロングライドにおける最高のごちそうですが、そのためにはイートインスペースがあるコンビニを選びましょう。

事前に各社のホームページで店舗設備をチェックしておけば完璧です。外では食べづらいですし、カラダが冷えてしまいます。

コンビニは万能エイドステーション

補給だけでなく、トイレを貸してもらえるのもコンビニの大きなメリットです。不要になった荷物を自宅へ送ることもできます。また、生活必需品のほとんどを扱っているので、たいていのものは手に入ります。冬なら防寒着やカイロに助けられることがありますし、夏はクーラーが効いた店内は天国です。ライトやGPSが乾電池対応タイプなら、コンビニがある限り使用時間は無限ともいえます。

コンビニは全国どこでも画一的です。そのため、旅情には乏しいのですが、それだけに店内で迷わずに済み、希望の品を速やかに見つけることができます。エディなどの電子マネーを用意しておけば、小銭が増えることもありません。ご当地ならではの名店を探すのも醍醐味ですが、確実性と効率を優先するならコンビニを利用しない手はありません。

北海道や茨城に多いセイコーマート、群馬に多いセーブオンなど、コンビニもそれなりに地方色があります。「ルートラボ」などでコースを作ったら、画面をスクロールさせて沿道をくまなくチェックし、コンビニの有無や系列チェーンの種別を確認することをおすすめします。実際のところ、ロングライドはコンビニ巡りのような様相を呈しますので、賢く利用したいものです。

なお、人里を離れた峠路や、一般車両の通行が少ない農道や林道に入ってしまうと、さすがのコンビニや他の商店もしばらく現れないことが往々にしてあります。そうした補給が難しい区間を盛り込んだサイクリングでは、その区間の所要時間に応じた十分な飲料と補給食を携行してください。

北海道に1000店あるセイコーマート。茨城と埼玉にもあり、両県で出会った時も、北海道を旅しているような気分と食材を味わえます。

深夜でも早朝でも営業しているコンビニは、ロングライドの救世主。時間を問わず、ほとんどの地域で利用できるエイドステーションです。

プランニングの実際

ここでは最近体験した伊豆でのサイクリングを振り返り、プランニングとその実例を紹介したいと思います。計画と実際を一致させるためのヒントになれば幸いです。

ここで紹介するサイクリングの実例で、あらかじめ決めていたのは、以下の条件です。

- 実施時期は2月下旬
- 南伊豆の妻良《めら》がゴール
- 16時までに着く
- 走行距離を１００kmにする

まず、伊豆半島の地勢を把握しましょう。温泉地が並ぶ東海岸は、国道以外に選択肢が少なく、いつ走ってもクルマが多いエリアなので、避けるのが賢明です。半島の中央部を進む、いわゆる「天城越え」も同様です。天城峠の旧道は情緒が豊かで素敵なのですが、未舗装路があるためロードバイクで走るには向きません。

一方の西海岸は、クルマが比較的少ないのが魅力ですが小刻みなアップダウンが連続します。どうせ登るなら、峠と名の付く場所を越えたいものです。そこで、西海岸と天城越えルートのちょうど中間にある、西伊豆スカイラインを軸にコースを考えました。戸田峠や仁科峠など、伊豆を代表する名峠が待っています。

これらの峠は開けた山肌にあるため眺めがよく、陽当たりがよいので標高があっても積雪がほとんどないのも魅力。伊豆のクラシックコースともいえる定番です。

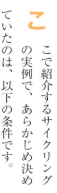

「ルートラボ」で所要時間を見極める

コースの核心部が決まれば、距離が１００kmになるように、スタート地点を決めます。自宅から走り出すと走行距離が２００kmを超えてしまうので、輪行でスタート地点を選ぶことにしました。
西伊豆スカイラインの入口となる戸田峠に登るためには、修善寺

「ルートラボ」でコースを作成、検討し、その所要時間や必要な装備、補給食を考えていきます。この段階もサイクリングの楽しみです。

駅が便利ですが、それでは妻良までの走行距離が70kmくらいにしかなりません。そこで、三島駅をスタート地点に選びました。新幹線でアクセスできるのも便利です。

16時に100km先の妻良へ着くためには三島駅を何時にスタートすればよいかを逆算します。106ページで紹介した「ルートラボ」を使い、描いたコースと標高グラフを見ながら、所要時間を考えます。まず、土台となるざっくりとした所要時間を算出します。

距離100km÷平均時速18km＝5・5時間

次に、標高グラフのピーク、すなわち峠に注目します。最初のピークは真城峠（492m）です。駿河湾沿いのほぼ標高0mから登るので、峠の標高がほとんどそのまま登り量となり、かなり大変です。これに所要50分を加えます。自分のペースだと、100mの上昇に10分かかるという経験則です。

なお、勾配の緩急では所要時間があまり変わりません。急であれば短い距離で登り量を稼げるので、速度が落ちても所要時間は変わらないといえます。ただし、自転車を降りて歩いてしまうようだと、所要時間は倍増します。

いったん下ってから登り返す次のピークは、達磨山周辺です。ここも登り量が500mほどあるので、50分を見込みます。さらに下って登り返すのが仁科峠です。登り量が300mですので、ここでも30分加算します。伊豆の峠はい

ずれも1000m未満ですが、それが連続してアップダウンが多いのが特徴です。

松崎の街に降りてからは、妻良との間にある蛇石峠を越えます。ここも登り量が300mですので、30分加算します。合計は

50＋50＋30＋30＝160分

となり、登りに約2時間半はかかるであろうと見込みます。なお、登り量に応じて所要時間を加えた区間は、距離に応じたベース所要時間を省けることも多いのですが、計算が面倒になるのと、マージンとして残しておきます。

こうして、ベース所要時間と登り所要時間の合計は、だいたい8時間だろうということがわかってきました。

すると、16時ごろに宿に着きたいのであれば、三島を8時に走り出せばよいとわかりました。

しかし適当な新幹線がないので、三島から9時頃に走り出すことにしました。登りの所要時間が多い分を、下りで少しは取り戻せる……という、やや希望的観測です。

タイムテーブルを作る

ここまで考えると、各地点の距離と登り量に応じて、通過時刻も予想した「タイムテーブル」を作ることができます。ただし、数百メートルや分単位で計算しても意味がないので、端数は適当に丸めます。

以下ように算出しました。当初の予定より妻良の到着が遅れそうですが、妥協します。タイムテーブルをまとめると、装備や補給食の必要性も判断できます。

地点	走行距離	時刻
三島	0km	9時ちょうど
西浦	26km	10時30分
真城峠	32km	11時50分
達磨山	42km	13時10分
仁科峠	57km	14時30分
松崎	80km	15時30分
蛇石峠	90km	16時30分
妻良	100km	17時ちょうど

仁科峠～松崎は下るだけなので少しペースアップ

まず、標高がある峠は気温が上がる昼過ぎに通過できるので、過度な防寒ウエアは要らない、と判断できます。もちろん、好天予報だったことが前提です。

西浦から松崎までは商店がまったくないエリアです。この間の距

離は50km以上あり、主要な登りが集中しているため実に5時間もかかることがタイムテーブルでわかるので、補給食を十分に用意しなければなりません。

　このような予想を立てるのは面倒なようですが、実際は楽しいものです。

計画と実際が一致する喜び

　さて、この伊豆サイクリングの実際はどうだったのでしょうか？ハンディGPSを携行したので、「ログ」として記録が残っています（ログも「ルートラボ」などで確認できます）。それを記してみましょう。

　これを見ると、真城峠は急勾配なので、ベース距離の所要時間を省いてもよかったことがわかります。その序盤で稼いだマージンを後半まで守っています。やはり道中で暗くなるのは避けたかったので、補給などの停止時間を短くし、結果的に予想より早い時間に妻良に着くことができました。

　この時は序盤の平地で一回、後半の松崎で一回、計二回だけコンビニに寄りました。他は自転車にまたがりながら補給食を食べ、写真を撮るために何回か停まるだけでした。

　タイムテーブルを作るときには、現実がよい方向にズレやすいよう、多めに時間を見ておくのが鉄則です。行程の進捗状況が現地でわかるのがタイムテーブルのメリットですが、正確すぎるタイムテーブルは心理的に苦しいものです。

地点	走行距離	時刻
三島	0km	8時50分
西浦	26km	10時15分
真城峠	32km	11時5分
達磨山	42km	12時13分
仁科峠	57km	13時11分
松崎	80km	14時5分
蛇石峠	90km	15時16分
妻良	100km	15時55分

参考ログ：http://yahoo.jp/YMGzNa

いくつもの峠と100kmの行程を計画どおり消化して、たどり着いた宿で味わう海の幸。この充実感を味わいたくて、走るのです。

ロングライドのあとに

サイクリングを繰り返していると、走れる距離が面白いほど伸び、疲れも少なくなっていきます。その快感がさらなるロングライドへ誘いますが、くれぐれもカラダと生活を大切に……。

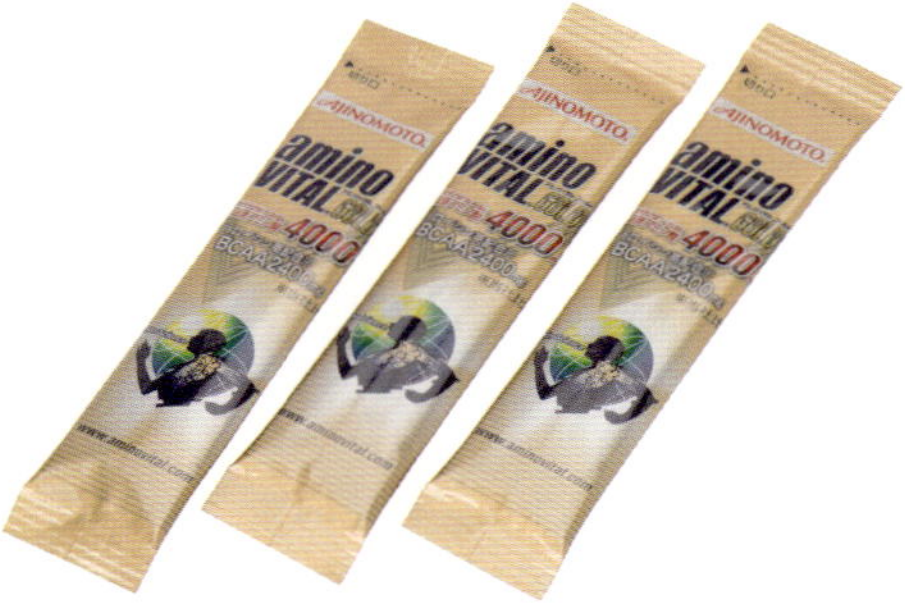

サプリメントを過度に頼るのは禁物ですが、疲労の回復を期待できるのは確か。サイクリングの最中はもちろん、走り終えた後も効果的です。

100kmを走り終えれば相当に疲れるものです。人によっては二、三日、階段の上り下りを辛く感じるくらいには、足腰に疲労が貯まってしまうかもしれません。

サイクリングは「遊び」ですから、翌日の体調まで考えて走ることが大切です。ボロボロになって走りきっても、誰もほめてくれませんし、家族や業務に影響を及ぼしては、継続的に楽しむことは難しくなってしまいます。

あとに残るダメージを減らすためには、走行中からアミノ酸系サプリを摂るなどして、疲労が抜けやすい配慮をしておくことも重要です。ロイシンなど必須アミノ酸の配合量が多いものは高価ですが、その分効果が期待できます。疲労を防ぐ効果は、こうしたサプリのほうが自転車やメカより高いといえますので、予算をカラダのケアに回すのも賢い選択です。

ロングライドの終盤以降は、もう自宅が近いからと補給をおざなりにしたり、気が急いて無理をしがちですが、最後まで定期的な補給とマイペースを維持しましょう。特に最後の1時間は、整理体操やクールダウンの時間だと思って、のんびり走るくらいの余裕をタイムスケジュールを作る際に考慮しておきましょう。

走る前はもちろん、走ったあとにも十分な睡眠時間を確保することが、疲労から回復する特効薬です。入浴やストレッチも効果的なのは間違いありません。

走りすぎはカラダにも自転車にも×

人によって回復力に差はあるものです。運動強度を抑えて走るロングライドでも、長時間に及べばカラダの芯に疲労が蓄積しています。そのため、連日のように100km以上の距離を走ることは、なるべく避けましょう。

カラダだけでなく、自転車やウエアにもダメージは蓄積していきます。ロングライドを繰り返すと、自転車やウエアも消耗品であることに気づくはずです。

パーツやウエアは、使った年数よりも、走行した距離や環境が寿命に影響を与えます。定期的なメンテナンスに基づく部品の交換や、ウエアの買い替えも考慮してください。

ロングライドは常習性があり、面白くなるとついついのめり込んでいきます。走ることができる距離がどんどん伸びると、ますます意気が上がります。しかし、あまりに短期間に繰り返すと、カラダの回復と筋力の向上などが伴わず、怪我の心配も高まります。何事もほどほどが大切です。

サイクリングの魅力は必ずしも「距離」だけではありません。

サイクリングのシメに、温泉に寄るのは定番プラン。心身ともにリフレッシュして家路に着けば、翌日からの仕事もうまくいきます、きっと。

声優・
東城咲耶子さんが
挑戦!

はじめての100km

大人のサイクリストには、
きっと誰にも一度だけ「はじめての100km」を
体験する日がやって来ます。
100kmを超える旅路の真実とは?
読者に代わって体験したリアルレポートです。

協力●(有)M,マキノサイクルファクトリー
TEL.04-7181-8681
http://www.makino-cf.com

グルメあり、絶景あり、
向かい風あり!?
「ろんぐらいだぁす!」の声優さんが
現実世界でロングライドへ

東城咲耶子さん

とうじょうさやこ

愛知県豊橋市出身、女子美術大学卒業。アニメ、ゲームの声優として活躍中。サイクリング女子が活躍するコミック「ろんぐらいだぁす!」(一迅社刊、月刊ComicREXにて好評連載中)のドラマCD出演をきっかけにして、ロードバイクに目覚める。「ろんぐらいだぁす!」は2016年秋より30分枠のテレビシリーズとしてアニメ放映開始! 東城さんもサイクリングショップの店長役として出演します。

09:37 | 1km

まずはコンビニで補給食を手に入れよう

走り出してすぐにコンビニへ。お昼までの3～4時間分の補給食を調達し、ポケットに入れて再スタート。

09:30 | 0km

スタート場所は二人の愛機の生まれ故郷

東城さんと筆者の自転車は、千葉県我孫子のM, マキノサイクルファクトリー製。その店舗からスタートです。

10:05 | 7km

手賀沼沿いの自転車道をスイスイ?

手賀沼沿いの整備された自転車道へ。時おり現れる車止めの柵に注意しながら、のんびり西へ向かいます。

ロードバイクを手に入れて一年弱、経験した最長距離は70km。そんな東城咲耶子さんを100kmの旅路へご案内します。

初の100kmであれば、コースの難易度はなるべく下げましょう。そこで、自転車道を利用でき、坂がほとんどないように、千葉県の我孫子から茨城県の大洗を目指すことに。これなら楽勝、と思いきや……。

時には筆者が後ろに。自分のペースで景色を見ながら走ったほうが楽しいですからね。

千葉県の
我孫子から
茨城県の
大洗へ
乙女と筆者が
走りました。

11:40 **30km**

春らんまんの利根川沿いをひたすら東へ

4月中旬の利根川は、菜の花が満開。バイクラック完備のトイレもあり、サイクリストにはうれしいエリア。

10:43 **17km**

1時間に1回の休憩はお約束で

利根川自転車道へ。こまめに補給しつつ、ウインドブレーカーを着たり脱いだりして体感温度を調節。

12:47 **45km**

吹き続ける向かい風が平地を峠に変える

当初から東風が吹き、東へ向かう我々のペースは上がりません。笑顔を絶やさない東城さんですが、内心は不安に。

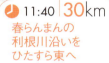

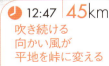

14:45 | 60km

ついに茨城県へ大洗はもう近い？

佐原の北で利根川を渡り、ついに茨城県へ。大洗を示す標識が現れ、着実に目的地へ近づいたことを実感。

15:24 | 71km

じわじわ削られる脚、迫り来る疲労……

自転車道を離れると、たまには坂も現れます。止まない向かい風とのダブルパンチでペースダウン。

13:22 | 54km

佐原に到着、やっとお昼ご飯

菓子パンでしのぐこと4時間弱、やっと昼食ポイントの佐原に到着。大好きなカレーを食べて回復！

時間が過ぎるほど焦りも生まれますが、「のんびりでいいよ～」と、アドバイス。

シュークリームを夢中でほおばる東城さん。食べられるうちは大丈夫、たぶん……。

1時間1回の休憩ではストレッチの時間が長くなり、疲労は隠せません。

16:12 | 80km

絶景と向かい風、共に味わう北浦湖畔

北浦の湖畔には爽快な小道がありますが、向かい風の吹きさらしに直面。ほどほどで県道にスイッチ。

伸びていく走行距離。60～70kmがいちばんしんどかったとか。

息が上がりそうになったら、1時間ルールにこだわらずに休憩を。

18:02 | 100km

暮れ行く日差しのなか、ついに100km達成

「人間が走る距離じゃない」と思っていたという100kmに到達。しかし、夕闇がそこまで迫ってきたのです。

向かい風で予想以上に時間はかかったものの、無事に走りきった東城さん。「やった〜！という喜びより、終わった……という安心感で一杯です。食べ続けたことと、無理しないことがよかったと思います。前半はご飯のことばかり考えていて、後半は向かい風が終わることだけを祈ってましたが、なんとかなるものですね（笑）」
お疲れさまでした！

帰路は輪行で。「自転車もお疲れさま〜」。

18:42 | 109km

まさかのナイトラン突入 大洗に帰ろう！

ついに日没。筆者の心配をよそに、暗くなってからテンションが上がる東城さん。もはや無の境地？

18:59 | 114km

大洗マリンタワーに到着! もう何も怖くない!

「100kmなんて信じられない距離でしたが、今は“あなたも走れますよ”って伝えたいですね」

向かい風でペースは上がらず、平均時速は10kmにとどまったけれど、漕いでいればゴールは近づきます。がんばった自分へのご褒美は、港町ならではの海鮮料理。そして鹿島臨海鉄道の大洗駅から輪行し、水戸経由で家路についたのでした。

知っておきたい自転車ノウハウ

Part 5

雨が降ったらどうする?

レインウエアなどの雨天対策装備は重要です。防水性に優れたバッグやライト類も求められます。ただし、無理に走り続けるのは禁物です。早めに引き返すか、輪行するのがおすすめです。

降水確率が高い日は、サイクリングは見送るのが賢明です。すでに雨が降っているなら、もちろん中止です。獲得標高が多かったり、欲張った行程を計画しているなら、降水確率が40%以上なら中止を考えたほうがよいでしょう。

逆に「明日は晴れそうだから、ちょっと遠くまで走ってみよう」と、好天を選んで走り出すのが理想的です。天気を決めたり変えることはできませんが、選ぶことはできます。

しかし、もうすでに参加を決めているイベントなどがある場合や仲間の都合などで、少々降水確率が高くても走りたい時もあるはずです。そうでなくても天気予報は外れることもありますし、遠方まで走るようになると、不意の雨に見舞われることもあります。

雨を覚悟して走り出すなら、レインウエアが必携です。真夏のとおり雨のような一時的な降水であれば、着の身着のままでも大過ないこともありますが、カラダが濡れると著しく体力を奪われます。また、運動強度が高い場合は、自身の発熱でしのげますが、一定ペースで走るロングライドでは、カラダを濡らさないことが大切です。

レインウエアは、ジャケット、パンツ、シューズカバー、防水グローブの4点セットで着用するのが基本です。どれかひとつ欠けても、雨天の長時間走行は不快になります。ゴアテックスなど、内部の蒸れを逃がす透湿性がある素材を使ったものだと、ある程度は快適に走り続けることができますが、シューズとグローブは浸水しやすく、内部を濡らさないで走れるのは2時間くらいです。

厳しい環境で試される信頼性

雨天ではブレーキの制動力が著しく低下します。視界も悪くなり、レインウエアが蒸れやすいことと相まって、走るペースを落とさざるを得ません。ブレーキシューとリムが著しく摩耗しますし、それによって自転車が激しく汚れます。ディスクブレーキだとこうしたデメリットは緩和されますが、雨天を走るのが楽しくなるわけではありません。マッドガードなど雨天装備を充実させていても同様です。

基本的に避けたい雨天走行ですが、自転車や装備の信頼性がはっきりわかるのが、面白いといえば面白いところです。レインウエアの耐久性、チェーンオイルの耐久性、ブレーキ性能、タイヤのグリップ感、そしてライトやハンディGPS、バッグ類の防水性が試されます。

雨を狙って走ることはありませんが、雨が降っても機能が低下しない装備は必要です。1、2時間の雨で点灯しなくなったライトは二度と使いたくありませんし、中に水が溜まるようなバッグは困ったものです。著しくブレーキの制動力が低下するカーボンリムホイールなども、やはりロングライドでは不安なので使うのをやめてしまいました。晴天用、雨天用などと装備を使い分けるのは面倒なので、やはり防水性に優れたモノを選ぶのが重要です。

強い雨に見舞われた時の最善策は、輪行だと思っています。スマホがあれば、気象予報サイトの雨雲レーダーを確認します。しばらく降り続けることが確実なら、もうサイクリングは中止して、鉄道の旅に切り替えます。そういう意味では、輪行袋が最高の雨対策グッズかもしれません。

雨足が強くなり、輪行にスイッチしたサイクリング仲間たち。降水確率が高い日は、いつでもエスケープできるよう輪行袋を携行すると安心。

陽が暮れたらどうする？

予期せぬ夜間走行は避けたいものですが、十分な装備と計画があれば、快適に走ることができ、走行距離を伸ばすことができます。夜を制する者が、ロングライドを制するのです。

100kmくらいのサイクリングなら、日中に完結させるのが鉄則です。それでも、灯火類は必ずフル装備して出発します。どんなに綿密に計画しても、「必ず」とか「絶対」はないと考えるのが、屋外を走るサイクリングの鉄則です。

ロードバイクの速度に対応するためには、高価でも十分に明るいライトが必要です。また、街なかで暮らしていると環境光が多いので油断しがちですが、街灯がない峠路や農道は漆黒の闇です。ライトがなければ自分の指さえ見えない暗さであり、そうした闇夜も走ることを考えてライトを選びましょう。

街なかでは、ヘッドライトやテールライトを点滅させている人も見かけます。しかし、規則上も安全面からも、点滅は禁止です。常時点灯させているライトがあって、さらに点滅のライトを加えるのは構いませんが、夜間は常時点灯が原則です。

可能性を秘めたナイトラン

視認性を高めるためには、身につけるウエアも重要です。理想は反射素材を大きく貼り付けたベストなどですが、色が白いだけでも夜間は目立ちます。黒や赤いウエアはクルマのライトを反射せず、風景に溶け込んでしまいます。白いウエアはなかなか選びづらいものですが、いちばん目立つヘルメットだけでも、白いものを選ぶのがおすすめです。

余談ですが、アイウエアやカギなどの小物も白いものがおすすめです。落とした時などに見つけやすくなります。

　こうした装備を整え、眠気さえ感じなければ（事前に十分な睡眠を取っておけば）、ナイトランは意外と楽しいものです。暑い夏場は日中より夜間のほうがカラダに優しいですし、交通量が少ないのもメリットです。真っ暗な道を走るのは寂しくもありますが、満天に星空が見えると気分が高揚するものです。

　日中メインの１００kmライドであれば、ライトは2、3時間点灯すれば十分です。しかし、たとえば深夜にスタートして日の出を見るとか、将来的に３００km以上のロングライドを体験するなら、二灯装備か予備バッテリーが必要になってきます。

ライトは点滅ではなく、常時点灯で。前方の視界を確保し、後方へ存在をアピールするのが、夜間走行の鉄則です。

ブルベでは反射ベストの着用が定められています。ヘルメットにライトを付ける参加者も多く、夜間走行における装備のお手本となります。

　ナイトランは走行距離を大きく伸ばすことができるのがメリットです。夕方から夜更けまでぐっすり寝ておけば、深夜から早朝にかけて１００km走り、陽が昇ってからもう１００km走るといったプランが可能になり、走行距離を一気に伸ばすことができます。もちろん、日中走ってからナイトランに突入しても同様です。要は倍の時間を使えるのです。

　１００kmをラクに走れることができるようになれば、次は２００km、３００kmといった超長距離を一日で走ってみたくなるのは必然です。そうなると、いつかは長時間のナイトランを経験することになります。そうした日に備えるためにも、ライト類は充実させておきましょう。

思いのほか寒い時、暑い時の対処法

季節の変わり目は気温の変化が大きく、思わぬ寒さや暑さに苦しめられることがあります。装備とプランニングの両面から対処しましょう。備えあれば憂いなし、です。

寒いから自転車に乗らない、という人が多いと思います。しかし寒さはプランニングやウエアの工夫でいかようにも対応できます。

問題は、現地で思いのほか寒かった時の対応です。これは自宅から遠く離れるロングライドではよくあることで、１００㎞の移動範囲でも大きく気温が下がることがあります。峠など標高が高い地点を走る時はなおさらです。

もちろん、ウインドブレーカーやレインジャケットを携帯していれば問題ないことが多いのですが、春や初冬などは油断してしまうことも間々あります。

そんな時は、行動で回避するか、現地調達で対応します。

手っ取り早いのは、標高が高い峠などを行程から省くことです。麓で予想以上の寒さを感じたら、峠やその下りは格段に寒いのは間違いないですから、コースを変更するのが賢明です。

そして、なるべく停車せず、カラダを休めないことです。カラダを動かし続けていれば、芯から温まってきます。寒いからと中途半端に休んでしまうと、一気に冷えてしまいます。また、そのためにも十分な補給が欠かせません。寒い日は体温を保つだけでもエネルギーを消費しますので、意外と空腹に見舞われるのです。

峠まで登ってしまったら、やはり休まずに下ります。登りでカラダが温まっているので、冷える前に下るしかありません。下りでも足を回して筋肉の硬直を防ぎ、少しでもカラダを発熱させます。

無用な日焼けを避けるため、UVカット素材を使用したアームカバーを常用しましょう。半そでジャージを着るシーズンは必携です。

寒い時も暑い時も、インナーウエアの速乾性が重要です。肌やインナーが濡れると「汗冷え」が起こり、一気に体力を消耗してしまいます。

痛い目に遭うのも経験？

コンビニがあれば、たいていのことは解決できます。寒い季節には防寒アイテムも揃っているので、グローブやネックウォーマーなどが手に入ります。使い捨てカイロもオススメです。足の甲や腰に貼りましょう。原始的な方法としては、ウエアの前身頃に新聞紙を挟むとか、ビニール袋を靴下の上に重ねて履くなども有効です。筆者は使ったことがありませんが、コンビニのビニール製レインウエアを愛用（?）する人もいます。コンビニに頼るのは身も蓋もないようですが、それだけに現実的なノウハウです。

寒さなど「痛い目」に遭うと、ウエアの重要性が身に染みます。夏場であっても、少なくともウインドブレーカーかレインジャケットは携行しましょう。かさ張らないアームカバーやレッグカバーも、通年で出番が多いアイテムです。

暑さも強敵です。日焼けは体力を奪うので、日焼け止めクリームや肌の露出を抑えるアームカバーやレッグカバーが必須です。また、ボトルに入れた真水をウエアにかけると、気化熱で一時的に涼しさを感じることができます。

しかし、寒さは装備でかなりカバーできますが、暑さに現地で対応するのは難しいといえます。夏場は盆地を避ける、標高が高いエリアまで輪行する、日陰の多い峠路を選ぶなど、プランニングで対応するのが現実的です。

全方位アンテナで事故を防ぐ

ほとんどの事故は、未然に防いだり避けることができます。路上だけでなく周辺を常に観察しながら、注意力を維持して走りましょう。

サイクリングでいちばん怖いのは、暑さでも寒さでもありません。やはり「事故」がもっとも恐ろしく、避けなければなりません。安全に走ることが、距離の長さや速さより大切なのは言うまでもありません。

大きく分けて、事故にはふたつのパターンがあります。ひとつは、クルマや他の自転車、歩行者との接触事故です。もうひとつは、自分ひとりで起こす事故です。

歩道が通行可能でも、自転車は車道を走るのが原則です。常に周囲を観察し、クルマの存在と挙動を意識しながら走りましょう。

前者の交通事故は、相手がいるので不可抗力の場合もあります。しかし、そのほとんどは、自分の注意力で防げるのも確かです。

相手がクルマの場合、起こりうる事故の代表が、左折巻き込まれ、追い越される際の接触、右直事故、停車中のクルマへの接触などです。

自転車に気づかず（気づいていても強引に）、突然左折するクルマは怖いものです。しかし、たいていは予測できます。交差点はもちろん、左側に駐車場や店舗があったりすると、そこに入るためにクルマが左折する可能性があります。そうした場所を通過する際は、前後にクルマが存在するか把握し、いつでも停まれるように進みます。

右側すれすれをクルマが追い抜

いていくのはイヤなものです。しかし、速度差があり、自転車は道路の左端を走るように定められているので、しかたありません。接触を防ぐためには、自分がフラフラしないことが重要です。路肩が荒れていると、あまり左端に寄っても危険です。

対向車がやってくる時は、自分を抜こうとしている後方のクルマも左側を空けづらくなります。クルマが抜きやすい場所に入るまでは、思い切って一車線を占めるように走ることも必要です。

右直事故は、直進する自分が対向車から見えないことで発生します。そのため、自分が対向車から見える位置取りをすることが大切です。トラックなど大型車の陰に自分がいる時は、対向車の挙動を見定めながら、交差点を慎重に渡る必要があります。

油断ならないのが停車中のクルマです。突然ドアが開いたり、陰から人が出てくるかもしれません。後方にクルマがいなければ、やや距離を空けて追い越すのが無難です。

「かもしれない」と考え続ける

ロードバイクに限らず、自転車は車道を走るのが原則です。しかし、歩道も観察しながら走る必要があります。横断歩道でなくても、他の自転車や歩行者が車道に出てくることがあります。また、赤信号や渋滞などでクルマが停まっていると、それらを縫うように右側から（！）歩行者やバイクが出てくることもあります。

「このクルマは左折するかもしれない」「コーナーの先からクルマが出てくるかもしれない」「クルマの陰に人がいるかもしれない」などなど、常に「～かもしれない」と、注意力というアンテナを張り巡らしながら走りましょう。事故は未然に防ぎ、遭わないのが最良です。事故に遭ってから、相手の落ち度を責めても遅いのです。

自分ひとりで起こす事故も、「～かもしれない」の気持ちで走っていれば防ぐことができます。峠の下りなど、明らかに注意が必要な区間よりも、そのあとの「ホッとする」区間と時間が危ういのです。これは、ロングライドの終盤によく当てはまります。疲労は判断力も低下させます。

あなたのモチベーションはどこにある?

初めてスポーツ自転車に乗った時の爽快さや軽い万能感を覚えていますか? そんな純粋なサイクリングの喜びに、目的や他の趣味をプラスしてみましょう。

サイクリングの魅力は、走ることそのものにあると思います。走ることが気持ちいいから走る。理由なんか要らないのかも知れません。走るだけで非日常的な達成感が生まれてくるのが、サイクリングの本質的な魅力ですが、目的があると、モチベーションが上がるのは間違いありません。練習が目的、すなわち競技で結果を出したいというのも真摯な取り組みだと思います。サイクリングはスポーツでもあります。でも、ロードバイクに乗っていても、大多数の人は競技志向ではなく、自転車に乗ることそのものを楽しんでいます。

「目的地」となると、文字どおり明確な走る目的になります。ある街をめざすとか、あるお店で食事をするとか、温泉に入るとか……そういった動機で走る人も多いでしょう。仲間と一緒にいるのが楽しい、というのも共感できます。

峠を越えたいとか、街道を走りたいというのは、目的地と自転車に乗るという行為が一体なのでサイクリングの本質に近く、テーマとしてはやっぱり王道です。

純粋に、ある場所に行きたいとか、なにかを見たいとか、なにかを食べるのが目的なら、必ずしも自転車で赴く必要はありませんが、目的地と自宅を結ぶ線を自由に決めて、まるごと楽しめるのがサイクリングの魅力です。走ることそのものが目的でも、訪ねる先やご褒美的ななにかがあると、サイクリングはより充実します。

目的やテーマもなく100㎞といった長いコースを組むのは難しいですから、副次的な目的を設けるのもロングライドを成功させるコツといえます。

趣味に趣味を重ねて相乗効果を

サイクリングの大きな特徴が、他の趣味と併せて楽しめることです。カメラを持ってサイクリングする人も多いですし、季節の花を見に行ったり、グルメや温泉を組み込むことも可能です。これはもう、各人の趣味を反映させればいいのだと思います。

最近は「ツイッター」など各種のSNSサービスによって、自分の現在位置や見聞きしたものを簡単に発信できます。そうした遊び方ともサイクリングは相性がよく、ちょっとした自己顕示欲を満たしてくれます。

筆者のブームは、おもにアニメなどの舞台巡りです（笑）。近年は実在の街や風景を作中で描いたアニメが多いのですが、そうした二次元の舞台を自転車で訪れ、モデルとなった実際の風景をこの目で見るのが楽しいのです。

舞台巡りは実写映画や文学作品でも可能な遊び方です。とある風景を眺めて、心のなかで喜ぶだけなので、お金も時間もかからず、ロングライドとも両立しやすい遊びです。

どうも走る意欲が湧かない、という時は、モチベーションを高めてくれる「目的」を、サイクリングにプラスしてみてください。それを軸にコースを考え、実際に走り出せば、いつも以上に頭と脚が回り出しますよ。

舞台巡りとサイクリングは相性が抜群です。小回りの効く移動手段としての利便性と、自分の力で訪れたという達成感の双方があります。

冬のナイトランは可能か

寒さと暗さは、どちらも装備で解決しやすい課題です。冬のナイトランには、美しい星空や日の出といった、日常では体験し得ない光景と、大きな達成感が待っています。

体力と装備、そして総合的なノウハウが求められるのが、冬のナイトランです。サイクリングの実力試しともいえます。

そんな条件下に走る意味としては、初日の出を見に行く、美しい星空を眺めるといった非日常の体験ができるということです。

初日の出を目的とすると、「100km」がちょうどよい距離です。ロングライドに慣れてくれば、100km走る所要時間としては、6時間前後が無理のないところだと思います。ナイトランはペースが上がりづらいので、所要時間の見込みには余裕が必要です。

関東だと千葉県の銚子が初日の出のメッカで、元日の日の出時刻はおおよそ6時40分前後です。その時間までに100km走るとすると、0時前後にスタートすれば余裕があることになります。だいたい終電の時刻ですね。銚子から100km離れた駅まで輪行して走り出せば、日の出の少し前に到着することになります。

このように、目的地と到着時間が決まっていると、プランニングがやや難しくなりますが、それがかえって面白さを増します。

夜に限らず、寒い季節のロングライドは、カラダを冷やさない程度の一定したペースと、少ない休憩が求められます。走る続けるためには、スタート時刻が早すぎるとダメで、遅いと日の出に間に合いません。

100kmより短い距離だと、所要時間が短すぎて、輪行して適当な時刻に任意の駅から走り出すのが難しくなります。あまり深夜や早朝になると、初日の出客で公共

一晩走り続けて拝んだ旭光は格別。空気が澄む冬だからこそ、出会うことができる絶景です。くれぐれも、好天を選んで実行してください。

交通機関は混みます。もちろん100㎞が余裕になれば、もっと早い時間から走り出し、より長い距離を走れば問題ありません。

寒さも暗さも経験で対応

以前、筆者が体験した冬の日の出ラン（12月中に実行したので、初日の出ではありません）では、0時頃に千葉県の我孫子をスタートし、100㎞走って銚子に着いたのは6時少し前でした。幸い気温が零度以下になることはなく、走り続けていれば、堪え難い寒さは感じませんでした。日の出を待つ時間、自転車を降りたあとが寒いだろうと予想していたので、ダウンジャケットをリュックに入れておきました。

この経験を生かし、お正月には初日の出ランも実行しました。なんでも繰り返すと慣れるもので、初日の出ランでは走行距離を150㎞に伸ばして東京から大洗へ向かいましたが、距離に応じてスタートを早めたので、無事に日の出を拝むことができました。

こうしたナイトランの鉄則は、事前に十分な睡眠を取ることです。眠気を少しでも感じるようなら、走行を続けるのは危険です。また、当然ながら夜間は景色が見えないので、初見のコースを走るのはもったいないですし、道を間違えるリスクも高くなります。

手放しで冬期のナイトランをすすめることはできませんが、より本格的なロングライドをめざすなら、経験しておきたいものです。

もう疲れたよ……という時は？

自転車のトラブルと同じように、カラダの疲労や痛みにも原因があります。それを見極め、辛い体験を繰り返すことがないよう、補給のタイミングや乗車ポジションを見直しましょう。

疲れないように、プランニングや走り方も工夫を凝らすのがサイクリングの本質であり醍醐味です。しかし往々にして、「もう走れない」と音を上げたい局面に遭遇します。そんなときにも途方にくれないように、対策を知っておくことが必要です。

疲れを感じたら、時間ごとの休憩プランなどに構わず、早めに自転車を降りて休息を取りましょう。

ご当地ソフトクリームで休憩中。普段は食べないようなスイーツも、サイクリング中は話が別。カラダがエネルギーを欲しているのです。

わずかな間でも自転車から降りると、意外なほど回復します。腰を降ろせるお店や場所があれば理想的です。

「走れない」と感じている原因がただの疲労であれば、まずはなにか食べて、飲むことです。羊羹やチョコなど甘いお菓子、夏場はそれに加えて、塩分補給を意識して塩飴などをなめます。飲料も糖質を多く含むものが疲労回復に効果的です。炭酸は胃の活動を活発にし、気分もリフレッシュするので、コーラなどがオススメです。こうした補給をすれば、仮にハンガーノックだったとしても、30分ほどすれば糖質がカラダに吸収され、頭も筋肉も再び動くようになるはずです。

足や肩、お尻の痛みに耐えられ

ない、ということもあります。いったん痛み出すと、短時間のストレッチやダンシングでは回復できないことが多いので、無理せずにコースを短縮し、帰ることを優先しましょう。カラダのどこか一カ所でも不具合が生じると、走り続けるのは困難ですし、辛いものになります。

肩凝りや関節に発生した痛みは、塗り薬や湿布などの鎮痛消炎剤を使うと、痛みが和らぐことがあります。フェルビナクを含んだ鎮痛消炎剤は効果がありますが、走り続けると痛みがぶり返すのは間違いないので、やはりサイクリングを切り上げる方向で考えます。

膝の痛みは、サドルの高さが影響します。高すぎると膝の裏を痛めやすく、低すぎると前側が痛み出します。違和感を覚えたら、早めにサドルの高さを見直しましょう。ペダルのリリーステンションが強すぎる場合も、外す時の衝撃で膝を痛めやすくなります。

お尻の痛みが、肌やウエアとの摩擦に由来する場合は、アソスのシャーミークリームなどを塗ると改善できます。

ただ、長時間の荷重や路面からの衝撃によるお尻の痛みは防ぐことができません。段差を越える時はサドルから腰を浮かすなど、身のこなしで対処しましょう。

未然に防止するのが最善策

疲れも痛みも、それを起こさないように原因を予想し、前もって対策を工夫するのが最善です。鎮痛消炎剤もクリームも、痛みを感じる前に予防的に使うのが賢いといえます。

自転車は、基本的にカラダへの負担が少ないスポーツです。ランニングのように、着地の衝撃で膝を痛めるといった心配も少ないほうです。しかし、ロングライドは話が別です。運動強度は低くても、それが長時間続けば、カラダにダメージは蓄積されます。

ロングライドは非日常的な遊びです。心にとっては新鮮でも、カラダは驚いて悲鳴を上げるかもしれません。目標の達成に近い場合は無理もしたくなりますが、冷静に限界を見極めることが大切です。チャレンジの機会は何度でもあると思って、長く付き合っていきましょう。

経験を力に変える

自転車とあなたの可能性は無限大です。経験がノウハウや装備という形に表れ、走ることができる距離がどんどん伸びます。そして新しい旅が始まるのです。

ただ単に「今日はなんか調子がよかったな」と感じるだけでは、せっかくの経験も宝の持ち腐れになりかねません。新しく選んだタイヤの印象がよかったのかもしれないですし、単純に、追い風に恵まれたのかもしれません。

サイクリングを終えたときに、こうした「調子がよかった理由」を、だいたいでも把握しておきましょう。それを次回のサイクリングで再現すれば、よりラクに走れるようになります。ある銘柄のタイヤの印象がよかったら、それを今後も使えばいいですし、よい印象がなかったら、次のサイクリングまでに別のタイヤを試してみてもいいでしょう。

追い風を常に吹かすことは常人にはできませんが、風向き予報を読み込んで、追い風に恵まれそうな地域や進行方向を選ぶことはできます。

特に思い当たる根拠がなくても、気持ちよく走れた経験もあるでしょう。すべて思いどおりにうまくいった時でも、自分が向上したり、何かが上達したと過度に思い上がるのは危険です。「今回は運がよかっただけ。次も万全を期そう」と、謙虚な気持ちでいることが大切です。

むしろノウハウが得られるのは、失敗と思える体験です。走るのを途中で諦めた、仲間についていけなかった、転んでしまった、寒さ暑さが辛かった……などなど、その失敗がなぜ起こったのか、どうすれば防げたのかをしっかり考えましょう。きっと次回は問題が起きないはずです。

経験と反省、そこから得られた

教訓を次に生かしていくことを繰り返せば、サイクリングはどんどん快適なものになっていきます。その結果、楽に走ることができる距離がどんどん伸びていくのです。

100kmの先にあるもの

もうおわかりのように、ロングライドは時間の使い方を考える遊びです。100kmを6時間で走ることができたら、200kmは12時間あれば走ることができる、と目処が立ちます。疲れずに走るノウハウを身につければ、どんな距離も時間さえかければ走りきることができるのです。

コースの難易度を上げることも可能です。これまで避けていた峠も、積極的に走ることができます。

すべては時間が解決するのですから、使うことができる時間を、距離から標高に置き換えるだけです。距離から標高に置き換えるだけです。峠の標高が1000mだろうと2000mだろうと必ず越えることができます。

そして、作り出した時間の余裕を、どのように使うかはあなたの自由です。距離や獲得標高にこだわらず、グルメや観光地巡りに充てるのも楽しいものです。100km走ってかつ何軒もグルメ処をハシゴした、といった欲張りなサイクリングも可能になります。

100kmを楽に走ることができるようになれば、その経験は他のどんなスタイルのサイクリングにも応用できます。無限に広がる可能性の扉が、100kmという距離を体験することで開けるのです。

さらなる距離を求めるか、それとも標高か、はたまたグルメか温泉か……。経験を積めば積むほど、サイクリングの自由度が高まります。

100km体験 おすすめエリア

千葉県・銚子エリア

千葉県の我孫子からスタートし、太平洋に突き出た銚子まで走ると、ちょうど100kmほどの走行距離になります。手賀沼と利根川の双方に自転車道があるため、行程の大半でクルマを気にせずに走ることができます。ほぼ平坦で登りはほとんどなく、100kmのデビューに最適といえるコースですが、風向き次第では難易度がグンと上がってしまいます。

ルートラボ参考 ● http://yahoo.jp/N_UU6l

長野県・美ヶ原エリア

JR中央本線の松本駅と茅野駅を結ぶ、信州らしい高原コースです。すぐに激坂が始まり、美鈴湖までは大いに汗をかくでしょう。その後は武石峠を経て美ヶ原までじわじわと標高を上げていきます。王ヶ頭周辺のハイキング道は自転車を押し歩くと、ビーナスラインに抜けることができます。絶景の連続ですが、獲得標高が2200mに及ぶ健脚コースです。

ルートラボ参考 ● http://yahoo.jp/cDai8a

滋賀県・湖東エリア

中部や関西からアクセスがよい米原駅をスタート、世界遺産の平等院で知られる京都の宇治まで走るコース。琵琶湖の東岸は平野が広がり、街や駅が点々とあるため補給に困ることもありません。道中は人気アニメ作品の舞台が連続し、「けいおん！」の豊郷、「中二病でも恋がしたい！」の日野や大津、そして名作「響け！ユーフォニアム」の舞台が宇治です。

ルートラボ参考 ● http://yahoo.jp/zJxz13

四季の変化と多様な地形に恵まれた日本。
全国がサイクリング天国といえます。
筆者による近年のサイクリング体験から、
100km前後のコースを組むにふさわしい
エリアの例を紹介します。

広島県・江田島エリア

瀬戸内海といえば「しまなみ海道」が人気ですが、それに勝るとも劣らない爽快なサイクリングを楽しめるのが江田島です。呉からフェリーや渡船ですぐに上陸できるため、広島周辺のサイクリストが大勢訪れます。島の外周部は平坦で、距離80km前後のコースを組むことができます。海岸美が見事ですが、少し内陸に入ると峠もたくさんあります。

ルートラボ参考 ● *http://yahoo.jp/4IT-zk*

愛媛県・伊予灘エリア

松山から八幡浜まで、80kmほどシーサイドラインが続きます。国道ですが交通量は多くなく、真っ青な伊予灘と味わい深いローカル線がどこまでも並走するコースです。中盤にある下灘駅は、青春18きっぷのポスターにも登場した絶景の立地です。八幡浜の手前に小さな峠がありますが、伊予大洲を経由して内陸部を走れば、峠を避けることもできます。

ルートラボ参考 ● *http://yahoo.jp/UljAly*

大分県・国東エリア

四国からのフェリーが発着する別府をスタート。鉄道はもちろん、大分空港も近いので、多様なアクセスを選べます。国東半島は「み仏の里」と呼ばれ、奈良時代から仏教文化が栄えた地域。海岸部はのどかですが、内陸に向かうとやや手強い峠が現れ、走り応えは十分。九州は阿蘇がサイクリングのメッカですが、国東の穏やかな風景も忘れられません。

ルートラボ参考 ● *http://yahoo.jp/ri27f4*

田村浩

1971年東京都生まれ。自転車ツーリングの専門誌『シクロツーリスト』(ひびき出版)編集長。サイクリストによるサイクリストのための本作りをモットーとして、自転車の魅力を雑誌や書籍で伝えている。著書に『自転車で1日に500km走る技術』(実業之日本社)、『頭脳で走るロングライドの実践術』(誠文堂新光社)など。

http://cyclo.exblog.jp

[カバーデザイン]	藤井耕志(Re:D)
[本文デザイン]	比嘉デザイン
[DTP・校正]	フレア
[表紙メインカット撮影]	島田健次
[撮影]	島田健次、弘田充
[協力]	M,マキノサイクルファクトリー、キャットアイ、ジャイアント、トレック・ジャパン、パールイズミ、ミヤタサイクル/メリダ、ヨネックス

大人の自由時間 mini

自転車《じてんしゃ》で100kmを
ラクに走《はし》る

ロードバイクでもっと距離《きょり》を伸《の》ばしたい人《ひと》に

2016年6月25日　初版　第1刷発行

[著者]　田村 浩《たむらひろし》

[発行者]　片岡　巌

[発行所]　株式会社技術評論社

東京都新宿区市谷左内町21-13

電話　03-3513-6150：販売促進部

03-3267-2272：書籍編集部

[印刷/製本]　図書印刷株式会社

定価はカバーに表示してあります。

ISBN978-4-7741-8149-3　C2075

Printed in Japan